重庆市社会科学规划项目：
新型城镇化中农民群体分化与农民权益保障研究
（项目编号：2015YBSH042）

李　彬　张玉娟　著

武陵山片区特色农业发展与农户合作研究

Study on Characteristic Agricultural Development
and Peasant household Cooperation in Wuling Mountain Areas

中国财经出版传媒集团
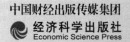
经济科学出版社
Economic Science Press

图书在版编目（CIP）数据

武陵山片区特色农业发展与农户合作研究/李彬，张玉娟著．
—北京：经济科学出版社，2017.7
ISBN 978 - 7 - 5141 - 8285 - 9

Ⅰ.①武…　Ⅱ.①李…②张…　Ⅲ.①特色农业 - 农业发展 -
研究 - 湖南②农业合作社 - 专业合作社 - 研究 - 湖南
Ⅳ.①F327.64②F321.42

中国版本图书馆 CIP 数据核字（2017）第 182429 号

责任编辑：王　娟　程辛宁
责任校对：徐领柱
责任印制：邱　天

武陵山片区特色农业发展与农户合作研究
李　彬　张玉娟　著
经济科学出版社出版、发行　新华书店经销
社址：北京市海淀区阜成路甲 28 号　邮编：100142
总编部电话：010 - 88191217　发行部电话：010 - 88191522
网址：www. esp. com. cn
电子邮件：esp@ esp. com. cn
天猫网店：经济科学出版社旗舰店
网址：http://jjkxcbs. tmall. com
北京季蜂印刷有限公司印装
710×1000　16 开　11.75 印张　210000 字
2017 年 7 月第 1 版　2017 年 7 月第 1 次印刷
ISBN 978 - 7 - 5141 - 8285 - 9　定价：36.00 元
（图书出现印装问题，本社负责调换。电话：010 - 88191510）
（版权所有　侵权必究　举报电话：010 - 88191586
电子邮箱：dbts@ esp. com. cn）

前　　言

中国村改革开放 30 多年来，农民合作经历了曲折的发展历程，特别是近年来形势发生了较大变化。中共中央、国务院颁发的 2004 年"一号文件"在促进农民专业合作社发展方面，提出了一系列具体措施。党的十六大报告中提出："要提高农民进入市场的组织化程度"。党的十六届三中全会提出："支持农民按照自愿的原则，发展各种形式的农村专业合作组织"。2006 年 10 月 31 日，全国人民代表大会常务委员会通过了《中华人民共和国农民专业合作社法》，并于 2007 年 7 月 1 日起开始实施。从此，中国农民的合作社第一次有了合法身份，正式走上了历史舞台。2008 年 10 月，党的十七届三中全会又着重提出，要"按照服务农民、进退自由、权利平等、管理民主的要求，扶持农民专业合作社加快发展，使之成为引领农民参与国内外市场竞争的现代化经济组织"。2012 年 11 月 8 日中国共产党第十八次全国代表大会报告指出："坚持走中国特色新型工业化、信息化、城镇化、农业现代化道路，推动信息化和工业化深度融合、工业化和城镇化良性互动、城镇化和农业现代化相互协调，促进工业化、信息化、城镇化、农业现代化同步发展。""发展农民专业合作和股份合作，培育新型经营主体，发展多种形式规模经营，构建集约化、专业化、组织化、社会化相结合的新型农业经营体系。"2013 年 11 月 15 日《中共中央关于全面深化改革若干重大问题的决定》指出："坚持家庭经营在农业中的基础性地位，推进家庭经营、集体经营、合作经营、企业经营等共同发展的农业经营方式创新。坚持农村土地集体所有权，依法维护农民土地承包经营权，发展壮大集体经济。稳定农村土地承包关系并保持长久不变，在坚持和完善最严格的耕地保护制度前提下，赋予农民对承包地占有、使用、收益、流转及承包经营权抵押、担保权能，允许农民以承包经营权入股发展农业产业化经营。鼓励承包经营权在公开市场上向专业大户、家庭农场、农民合作社、农业企业流转，发展多种形式规模经营。"可以说，中国农民合作经营发展已经进入了一个新的历史发展阶段。

近年来我们依托重庆市重点人文社会科学研究基地武陵山区特色资源开发与利用研究中心，对武陵山片区进行了多次实地调研，并参与了武陵山片区区域经济社会发展多次高峰论坛，例如，中南民族学院"武陵山少数民族地区经济社会发展高峰论坛"、长江师范学院"首届武陵山片区发展高峰论坛"、吉首大学"吉首武陵山发展论坛"、湖南怀化市民族宗教事务委员会"武陵山片区协同创新加快发展学术研讨会"等；围绕武陵山片区发表了多篇科研论文，承担了多项研究课题。通过上述研究，结合自己的研究方向和兴趣，萌发了撰写《武陵山片区特色农业发展中农民合作问题研究》的想法，并得到了重庆市人文社会科学重点研究基地武陵山区特色资源开发与利用研究中心熊正贤教授的大力支持。这就是写作本书的初衷。

通过本书的出版力图告诉读者：

第一，中国长期的城乡二元经济结构和小农生产模式，难以适应大生产、大市场和大流通的需要，迫切需要新的农业发展体制与之相适应。20世纪90年代，中国开始对特色区域农业进行探索与实践，发展特色农业是中国农业产业化发展进入新阶段的必然选择。特色农业是中国国民经济发展总体框架的重要组成部分，因地制宜地发展特色农业，对中国推动区域经济增长，形成规模化、专业化的生产格局，实现农业增效、农民增收，促进农业结构优化，促进农业和农村经济可持续性发展具有十分重要的意义。

第二，武陵山片区农业的根本出路在于特色农业，发展特色农业有着重要的战略意义。一方面，片区具备发展特色农业的比较优势、自然优势、政策优势和产业基础，并且片区内湘鄂渝黔各区县就发展特色农业方面进行了有益的实践探索；另一方面，片区内恶劣的自然环境、薄弱的基础设施、不完善的土地制度、不足的人力资本、不完善的市场体系以及带动力不强的农业企业成为发展特色农业的主要障碍。

第三，合作是人类社会中一个非常普遍的现象，无论是在经济领域，还是在政治、社会、文化等各个层面，都广泛存在着不同形式的合作。特色农业发展需要农民的合作，而农民的合作应具备一定的制度环境、市场环境、法律环境以及产业基础和组织基础等基本条件。农民的合作行为的解释来源于农户"经济人"的假设，合作的理论主要包括产业组织理论、自主治理理论、社会资本理论、博弈论、合作经济理论、交易成本理论和分工理论等。

第四，武陵山片区特色农业发展中农户的合作行为受多种因素的影响。农户的人均收入、社会身份、对合作组织的认知程度，以及对合作组织的认知程度等因素，都不同程度影响农户的参与合作的意愿。其中，农户人均年收入、农户的社会身份、对合作组织的认知程度等影响相对较大。实证分析表明：农户在生产经营中资金困难程度越大，越倾向于向农合组织寻求帮助；农户对现有合作组织提供的服务满意度越高，越乐于参与农合组织；农户认为农业合作组织带来收益的可能性越大，参与意愿越强烈。

第五，武陵山片区特色农业发展中，农户合作采取什么样的合作路径，是一个极其复杂的问题，因为各地自然禀赋不同，民族文化习惯不同，政府支持的力度不等，因而合作的路径也应有所不同。农民合作路径的选择，应在坚持农民自愿、示范引导、互利性、相宜性的原则下，按照统筹城乡发展的要求，依据武陵山片区特色农业发展的特征，坚持市场运作与政府引导扶持相结合的总体思路，寻找农民合作的路径。

第六，为促使农民合作路径的畅通，武陵山片区各政府有关部门应加强宣传，提高农户的合作意识；开展农技培训，增强农户合作能力；提升农户整体素质，培育新型农民；搭建平台，建立协调综合服务机构；完善政策法规，营造农户合作的外部环境；创新农村土地产权制度，创造农户合作的条件。

李 彬

2017 年 8 月 8 日

目 录

第1章

导　　论

1.1　研究背景及选题意义

1.1.1　研究背景

武陵山片区并非一个行政区域，而是一个地理区域单元，它包括湖北、湖南、重庆、贵州四省市交界地区的 71 个县（市、区），总面积为 17.18 万平方公里，境内有土家族、苗族、侗族、白族、回族和仡佬族等 9 个世居少数民族。武陵山片区可用于农业开发的土地资源不多，山地是武陵山片区绝大多数农民的基本生存空间，也是武陵山片区农民从事农业生产的作业空间。从总体上看，武陵山片区的农业依然处于传统农业阶段，农业生产手段落后，劳动生产率低下，农民的生活条件没有得到实质的改善，山区的绝大多数农民仍然生活在贫困之中。由此可见，武陵山片区成为我国内陆跨界区域面积最大、人口最多的少数民族聚集区域，是典型的"老少边山穷"地区，更是一个集经济贫困与生态贫困于一体的生态功能区。

2011 年 12 月 1 日《中国农村扶贫开发纲要（2011～2020 年）》正式颁布实施。该纲要将武陵山区、六盘山区、秦巴山区等 11 个区域的连片特困地区作为新十年的扶贫攻坚的主战场。这标志着我国扶贫开发进入了新的历史阶段：扶贫开发从解决温饱为主要任务的阶段转入巩固温饱成果，加快脱贫致富，改善生态环境，提高发展能力，缩小发展差距的新阶段。集中连片攻坚是国家扶贫开发战略的重大创新，是实现区域协调发展的重要方面，是促进社会和谐的有力举措，对于推动经济社会全面协调可持续发展、保障国家生态安全、促进民族团结、维护边疆巩固，确保全国人民共同实现全面小康，具有重大的现实意义和深远的历史意义。为积累以跨省片区为单元组织大规模扶贫攻坚的经验和方法，中央决定在武陵山片区率先开展区域发展与扶贫攻坚试点。

武陵山片区在国家经济社会发展战略定位中，把保护和修复生态环境作为其首要任务，在不影响主体功能前提下适度发展资源环境可承载的产业和经济，成为提供生态产品、保护环境的重要区域，成为保障国家和地方生态安全的重要屏障，成为人与自然和谐相处的示范区。武陵山片区产业的发展应紧密结合这一科学定位，紧紧围绕武陵山片区资源禀赋，调整产业结构，发展特色产业。发展现代农业是武陵山片区调整产业结构的重要一环。武陵山片区现代农业的发展重点在于特色，发展特色农业成为解决武陵山片区"三农"问题的关键一招，而特色农业的发展关键在于农民的合作。农户在特色农业发展中通过产前、产中、产后和农业企业或农业合作经济组织等进行合作，在农户和市场之间搭起一座桥梁，以期达到节约交易成本、共同抵御风险，获得合作剩余的目的。

人类的生存发展离不开合作，合作既是对个体力量的汇聚，也是对个体力量的放大。"合作"是指人们为了一定的目的协作劳动、联合行动，共同完成某项任务。根据合作演化理论，在生物学系统中，成员具有大然的合作倾向，合作行为是对于系统的生存和繁荣的特征性的必然。[①] 根据制度经济学的理论，合作的产生是由于当事各方为了获得潜在利益，为减少交易成本而采取的理性行为方式。罗伯特·阿克赛尔罗德的计算机模拟模型表明了合作基于相互回报，以牺牲现实利益为代价来换取将来和长远利益，是利益在时间上的交换行为。[②] 农民专业合作社是农民合作的重要载体，它是改革开放以来在我国农村出现的一种农民自愿参加，以农户经营为基础、以某一产品或产业为纽带、以增加成员收入为目的，在资金、技术、生产、购销、加工等方面进行互助的新型互助经济组织。而武陵山片区由于地理单元的特殊性，在特色农业的发展中，农民合作程度较低，合作制约因子复杂，且具有不同于其他地区的显著特征。因此，突破传统思维，创新特色农业发展模式，分析武陵山片区特色农业发展中农民合作的制约因素，探索农民合作的路径，提出农民合作的政策建议，对拓展集中连片特殊困难区扶贫开发新思路意义重大。

---

① 保罗·西利亚斯. 复杂性与后现代主义 [M]. 曾国屏译. 上海：上海世纪出版集团，2006：65 – 70.

② 罗伯特·阿克赛尔罗德. 对策中的制胜之道：合作的进化 [M]. 上海：上海人民出版社，1996.

1.1.2　选题意义

1.1.2.1　理论意义

本书综合社会学、政治学、经济学等学科理论方法，进行跨学科研究，探索经济学、政治学、社会学等学科结合点。在对比借鉴国内外农民合作实证和规范研究的基础上，考虑到武陵山片区特色农业发展中农民合作的特征，把已有成熟的合作理论尝试运用于武陵山片区特色农业发展中农民合作研究之中，突破合作组织框架内研究农民合作的范式，通过实地访谈与实证分析，找出武陵山片区特色农业发展中农民合作的制约因素，提出农民合作的路径，进而为促进农民合作提供政策建议，为合作理论、方法及技术研究与特殊区域农民合作研究的结合开辟合作理论应用的新领域，提供一些尝试，因而具有较高的理论价值。

1.1.2.2　现实意义

武陵山片区属于中国版图上一个特殊的区域，鉴于其独特的气候条件和资源禀赋，使农业成为武陵山片区经济的优势产业。武陵山片区现代农业的发展重点在于特色，发展特色农业成为解决武陵山片区"三农"问题的关键一招，而特色农业的发展关键在于农民的合作。在特色农业发展中研究武陵山片区农民合作问题，对于完善农村基本经营制度，发展农民合作，培育新型经营主体，促进现代农业发展，进而探索集中连片特殊困难地区扶贫开发新思路，具有重大的现实意义；同时，其研究成果对其他类似区域的特色农业发展及连片特困区扶贫开发亦具有一定的借鉴价值。

1.2　国内外研究动态

1.2.1　国外研究动态

1.2.1.1　国外学术界关于特色农业的研究

20 世纪 50 年代以来，欧美及日本的经济学家相继开展了对特色农业理论与实践研究，从而使特色农业的概念被广泛接受。由于各国的条件、特点和农业发展阶段不同，特色农业区域的名称、形式及研究重点也不同，有的称农业区划（地带）、有的称农业专业化地带、有的称农业景观区划。

20 世纪 60 年代以来，国外关于区域特色农业现代化的研究更多是从理论角度探讨，尤其以舒尔茨关于改造传统农业的理论，以及约翰·梅尔农业发展的理论与农业发展的诱致技术变革理论为代表，涉及比较优势理论、竞争优势理论、技术创新理论和农业产业化理论等，而且每一类特色农业的发展还有其独特的理论基础。当前，国外关于区域特色农业现代化的研究侧重于特色农业区域划分、区域发展规划方法、区域调控政策研究等方面，并提出了农业区域统筹理念，但缺乏从实证分析中归纳规律、总结经验，缺乏对区域政策作用机制和运行规律的剖析，对影响区域政策制定与实施效果方面的研究也不够深入。

国外除对特色农业理论进行研究外，更多注重于特色农业具体的实践探索，主要是美国、日本及欧洲一些国家（许建国，2010）。较为成功的代表模式有：一是美国的生物农场。耕作方法的创新，他们称其为实行生物动力学方法；管理模式的创新，由社区的居民参与投资入股兴办，生产的产品由农场定期进行分配。在生物农场的耕种中从不使用化肥，仅使用将畜禽粪便、人类粪便和绿肥、剩饭剩菜等混合在一起，加上催化剂后发酵所形成的专用有机肥。这类农场的规模一般较小，但机械化程度高，所经营产品的品种也很多，全是新鲜无污染的农产品。[①] 二是以色列的节水农业。以色列从本国资源状况出发，面向市场调整产业结构，减少对土地资源要求较高的粮食作物的种植，改种和增种对土地资源要求较少，但对技术要求较高、效益高的蔬菜、水果和花卉，利用季节差价开拓欧洲市场，让土地资源发挥最大的经济效益。[②] 三是荷兰的设施农业。荷兰发挥地势平坦、牧草资源丰富的优势，大力发展畜牧业、奶业和附加值高的园艺作物，尤其是以温室为代表的设施农业在荷兰被广泛采用，无论是蔬菜或花卉，一般都是专业化生产，多品种经营。采用机械技术、工程技术、计算机技术、现代信息技术、生物技术等，把集成化的工业技术广泛应用在温室农业中。植物工厂是荷兰最具工业生产特点的现代化农业，使植物生长所需要的温度、光照、湿度、作物生长情况、环境等全部由计算机监控，采取全封闭生产、完全摆脱自然条件束缚，实现全年均衡生产的农业生产经营方式。[③] 四是日本的"一村一品"。以培养人才作为运动的最终的目标和基本理念而开展的一项活动。在农村培养了一批在农业、工业、服务业具有战略眼光、富有挑战精神的地区带头人，使"一村一

① 贺延光. 国外的特色农业 [J]. 中国农业信息，2003（2）：15.

② 齐宇. 以色列的节水农业 [J]. 西亚非洲，2002（6）：4.

③ 刘志民等. 特色农业发展的经济学理论研究明 [J]. 中国农业大学学报，2002（1）：17 – 18.

品"运动在日本开展得非常成功。①

尽管每种发展形势各有特点，各有侧重，但它们的共同点在于都是立足于区域的资源优势，运用先进的栽培管理技术、生物工程技术和设施农业技术，规避和克服环境条件的不利影响，实现农业生产的优质高效。

1.2.1.2　国外学术界关于合作问题的研究

合作思想的研究。国外合作的思想由来已久，18 世纪开始，随着法国大革命，早期空想社会主义者傅立叶、欧文构想了通过协作劳动的生产消费协作劳动组织，这些思想是建立在纯理性空想的基础上，但其中包含一些积极合理的因子。合作经济理论源于早期的空想社会主义思想，其中欧文、傅立叶是最有影响的合作经济思想家。罗伯特·欧文被后人尊称为合作经济之父，他在《新世界道德书》② 中，系统地阐述了合作社的理论。沙利·傅立叶也在他的著作《家务农业协作社》（1829）、《经济的新世界或符合本性的协作行为》（1829）等著作中全面系统地阐述了合作经济思想。

合作新思想是由 19 世纪的社会主义先驱者们为克服资本主义的某些弊病而提出并践行的。1844 年英国出现的第一个消费合作社"罗虚戴尔公平先锋社"，实际上是当地工人运动的产物。此外，威廉·金（William King）是英国人，其合作社思想与实践跟欧文齐名。从 1827～1834 年，他一共组织了近 500 个合作社，掀起了"布莱顿合作社浪潮"。威廉·金和毕舍（Bucgez）认为，劳动、资本、知识是合作社的三大要素，其中劳动是合作的基础，劳动阶级通过举办合作社，改造整个社会的经济组织，实现社会进步。从某种意义上说，此时期西方发展起来的合作社实践是在资本主义环境中维护以劳动者为主体的弱势群体共同利益的社会共同体运动。

马克思、恩格斯的合作经济思想主要体现在《资本论》、《国际工人协会成立宣言》、《哥达纲领批判》、《法兰西内战》和《法德农民问题》等很多经典著作中。马克思称赞合作工厂是"伟大的社会实践"，"其意义不论给予多么高的估价都不算过分的"，把合作社看作向完全的共产主义经济过渡的中间环节。他们的合作经济思想坚持自愿和示范的原则，重视生产合作和多种合作形式与分配形式并存的思想，在一定程度上构成了今天社会主义国家合作经济的思想理论基础。

---

① 卢向虎，秦富. 国外"一村一品"运动对中国发展现代农业的借鉴［J］. 世界农业，2007（10）：16－19.

② 欧文. 欧文选集（第 1 卷）［M］. 北京：商务印书馆，1981.

列宁在《论合作制》①中详细地阐述了社会主义合作经济发展的性质、途径、条件和发展趋势。认为不同的社会制度合作社具有不同的性质；文明的合作制度就是社会主义制度；完全合作化需要一定的物质基础，国家必须从财政、金融等多方面对合作社进行积极的支持；发展合作社要重视对农民的教育和发挥文化教育的作用；要尊重农民的意愿；社会主义合作社应该以发展流通领域的合作社为主等，他的论述成为后来社会主义国家合作经济实践的重要思想理论基础。

1.2.1.3　合作学派的研究

一是西方早期合作经济理论学派始于 20 世纪初，早期合作学派的代表人物是美国学者萨皮罗（Sapiro）和诺斯（Nourse）。西方早期合作经济理论学派分为两个学派，一个是利福尼亚学派，该学派主张农民按产品线组建合作社，强调联合起来形成垄断性的市场力量；另一个是竞争尺度学派，该学派认为农民通过合作社进入市场，不但改善了其在市场中的地位，增加了自己的收入，而且使市场竞争更加激烈，合作社扮演了市场竞争标尺（competitive yardstick）的社会公共品角色，因此，政府应该给予公共政策的支持。二是西方经典合作社理论。1844年，世界上第一个比较规范的合作社——罗奇代尔"平等先锋社"（rochdall society of equitalle pioneers）在英国诞生，该社最早的办社原则后来被称为"罗奇代尔原则"。1921 年国际合作社联盟（ICA）参考以罗奇代尔原则归纳出六条合作原则，并明确写入章程。1995 年国际合作社联盟纪念平等先锋社成立 100 周年大会上，通过了《国际合作社联盟关于合作社定义、价值和原则的详细说明》，国际社会关于合作社的定义、价值观、原则、作用及如何发挥优势，形成了很多共识。此次大会正式确立了合作社的七项原则：自愿和开放的社员原则、社员民主管理原则、自主和自立原、社员经济参与原则、合作社间的合作原则、教育培训和信息原则、关心社区的原则。

1.2.1.4　合作意愿和影响因素的研究

美国路巴阁（Frank Robotka）与菲列普（Richard Phillips）认为农民合作的目的是获得大规模经营的经济利益。Doyetal（1992）和巴克马（Barkema，1993）的观点认为农户参加合作是为了获得市场信息，满足日益膨胀的消费者的需求。以色列学者拉南·魏茨在其著作《从贫苦农民到现代化农民——一套革命的农村发展战略及以色列的乡村综合发展》中强调从组织化的角度来研究农民，通过建立合作社等组织来缓和农民所处的不利地位。弗兰克（Frank，1992）从

---

① 欧文. 欧文选集（第 1 卷）［M］. 北京：商务印书馆，1981.

交易费用的角度对美国食品工业的纵向协调研究发现，他认为农户参加合作的原因是为了降低交易费用。施拉德尔（Schrader，1998）认为农户参加合作的原因为了增强市场竞争力，降低市场风险。戴维·鲁斯特（David Rusten，1996）、拉吉里（Lajili，1997）、戴维·A·轩尼诗（David A. Henessy，1999）、古德休（Goodhue，2000）、鲁宾（Rehber，2000）、伊顿（Eaton，2001）、凯等（Key et al.，2003）认为：户主的受教育程度、户主的风险态度、农场（农户）的生产经营规模、农场（农户）生产该农产品的历史、农场（农户）与产品消费中心市场的距离、当地农村基础设施、当地政府的支持力度、不同类型农产品等因素会影响农场（农户）参与农产品营销纵向合作的可能性。以上学者从不同方面研究了影响农户合作意愿的各个因素，为本书的研究提供了借鉴。

1.2.1.5　农户行为的研究

对农户行为，国内外学者做了大量的研究。由于研究对象、研究方法以及所处历史阶段等的不同，对农户行为的研究主要有三个学派（宋奎武，2002）：一是以俄国恰亚诺夫为代表的组织生产学派，该学派认为，农户经济发展依靠的是自身的劳动力，而不是雇用劳动力，它的产品主要是为满足家庭自给需求而不是追求市场利润的最大化，因此俄国农户经济应着眼于自发地组成小型合作社；二是以西奥金·舒尔茨为代表的理性小农学派，该学派认为一旦现代技术要素投入能保证利润在现有价格水平上获得，农户就会成为最大利润的追求者，因此改造传统农业的方式不应选择削弱农户生产组织功能；三是以黄宗智为代表的历史学派，该学派认为农户家庭没有边际报酬概念，由于受其他因素的制约，劳动的机会成本几乎为零。宋奎武认为，从一般的意义上看，任何农户都在追求依据自身价值观而产生的"效用最大化"。史清华（1999）认为，运用理性小农学派的判断似乎更能恰当地解释中国农村改革前后农业与农户经济增长实绩的变化。

关于农户理性与非理性行为，历来就有很大的争论。认为农户行为是非理性的有：A. 佛图那托夫、A. 切林采夫、H. 马卡罗夫和 A. 恰亚诺夫等人（宋奎武，2002）。他们认为农户不是经济理性主义者，农户经济行为的目的并不是追求"效益"而是为了生活。J. 波耶克，提出了"二元社会"理论，认为东印度农民的经济行为是基于道德而不是理性。这个观点由 J. 弗尼沃尔等发展为"多元社会"论，且将应用范围扩大到东南亚的一些地区。20 世纪 50 年代后，美国农民学界的"道德经济"论与"道德文化"论也明显地受到俄国与荷兰农民学者上述传统的影响。这一方面的学者在强调农户是浪漫主义或温情主义者而非理性主义者这一点上则是一致的。在关于农民理性大争论持续了几十年后，目前大部分的学者都已认为农户行为是理性的。1953 年，美国人类学家 S. 塔克斯运用实地考察资料证明了印第安农民行为是有"经济理性"的，他们对价格信息的反应与现代市民没有什么不同。舒尔茨在 60 年代从理论和经验上论证了农民的理性。70 年代末，美国学者 S. 波普金出版了《理性的农民》一书。而贝克尔（Becker）提出的农户模型从数学角度精确地说明了农户行为是理性的。

在国外学者对农户行为研究的基础上，国内也有很多学者根据中国农村的实际情况对农户行为进行了研究。秦晖（1996）从农民对市场信号的心理反应着手研究，认为农民进入市场经济后对市场信号的心理反应出现多元化，乃至某种反常，是有其合理性的。吴理财（2004）认为农民是理性的，如果出现某些看来是非理性的行为，也是因为无奈的生活遭遇。史清华（2003）以山西、浙江两省 1986~1999 年农村连续跟踪农户观察资料为基础，对两省农户家庭经济利用效率及其配置方向进行比较分析发现，农户在进行家庭资源配置上，其行为完全是理性化的。傅晨（2000）通过构建贫困农户行为模型，认为贫农在最优条件下做出的选择是有效率的。而严瑞珍（1997）认为在我国现阶段农民的行为既是理性的，又是非理性的。在农户经济行为特点和影响因素的研究上，韩耀（1995）从农户在生产经营活动中所表现出来的组织行为与一般厂商的相似之处和有别于一般厂商而表现出自身的特征出发，研究中国农户生产行为，并从经济因素和非经济因素两方面来进行影响农户生产行为的因素分析。刘霞等（2002）从我国现行政策、市场机制及自身因素三方面分析了我国农户经济行为的现状及存在问题，提出了一些合理化标准的建议。姚梅（1995）认为农户的劳动力素质会对农户经济行为产生影响，她通过调查得出：初中文化程度的劳动者较为适应当前农户经济发展的要求。而农村的经济体制也对农民的经济行为有影响（张林秀，1996；张启明，1997）。洪明荣（1997）认为影响农户行为的一般因素包括：产品因素、兼业因素、资产因素、土地因素、市场因素。叶依广等（1997）认为农户经济行为受多种因素制约，主要是农户目标、农户能力、外部经济环境。林海（2003）对农民行为的特点和影响因素进行分析，最后得出农民的决策机制。

在中国，农村资源要素结构的独特性决定了中国农户行为的特殊性。从一般意义上看，任何农户都在追求着依据自身价值而产生的"效用最大化"，而这里农户的最大化行为是有条件的，农户的价值观又与特定的因素有关，这些因素包括自然、经济、社会、文化等方面的综合（胡豹和黄莉莉，2005）。

1.2.1.6 农户合作行为的研究

国外对农户参与专业合作经济组织动因进行了大量的研究。早期的合作社学派是以美国萨皮罗（Sapiro）和诺斯（Nourse）这两个人物为代表的。他们分别代表了两个学派：加利福尼亚学派和竞争尺度学派，因此关于合作社的作用和存在的理由，他们的解释也有所不同。加利福尼亚学派主张农民按产品线组建合作社，强调联合起来形成垄断性的市场力量，增加农业的回报。竞争尺度学派认为合作社之所以存在是为了促进市场竞争，给农民提供一个判断标准，但是合作社不应该垄断市场，即合作社的存在是为了让市场更有竞争性。但是他们一致认为，农民通过合作社进入市场，不但改善了其在市场中的地位，提高了其收入，而且更重要的是使市场竞争更加激烈，这迫使其他投资者不得不提高效率，从而使得整个社会市场的效率得到了提高。因此，合作社扮演了市场竞争标尺的社会公共品角色，政府应该给予公共政策的支持。

　　合作社在农业领域的重要地位和它在稳定农村经济、提高农民收入、促进农村地区的健康繁荣等方面的积极作用，极大地促进了合作社的发展，许多学者也纷纷对合作社存在的原因进行研究和分析。

　　在一些运用新古典经济学理论的经济学家看来，合作社就是一种厂商。如果合作社使合作社生产者剩余和成员消费者剩余最大化，那么合作社成员和社会福利都将被最大化（Bateman，1979）。塞克斯顿（Sexton，1986）指出，合作组织之所以成立是通过获得大量的经营业务以达到规模经济。因此，合作组织在一些平均成本曲线呈现下降趋势的产业中具有一定的竞争优势。事实上，大多数对合作组织的公众支持也都是基于这样一种理念，即合作社是一种促进竞争的力量，它能改善不完备市场的绩效，增进社会经济福利。

　　在产权理论看来，富尔顿（Fulton，1995）将所有权理论应用于合作组织，他从另一方面解释了合作组织的存在："考虑一个涉及两种投入——农业产出和加工服务——的生产过程。如果加工服务的质量是高度可变的和难以预测的，……组织生产的最有效的办法就是使这些服务的所有者成为剩余索取者。如果农业产出是高度可变的和难以预测的（至少没有什么成本）……组织生产的最有效的方法就是使这些产出的所有者成为剩余索取者；换言之，一个合作组织就应该被组建。"

　　在近20年中，交易费用理论被合作组织的研究者广泛地接受。合作组织的基本原理在交易费用理论中，与其他纵向组合形式并无不同（Williamson，1985）。合作组织在加工/供应链中进行前向或后向整合的努力，虽然他们每个都很小，但他们的联合则能改善其面临的市场失灵的可能性。通过拥有交易合伙人，他们的交易费用将被削减。由于最佳经营规模的差异—小规模耕作和大规模加工—所有权结合在一起，这样就形成了一个合作组织。

　　此外，非经济方面的因素对合作组织的存在也是极其重要的。对于合作组织来说，合作社是一个让人信任的组织（Hakelius，1996），特别是在一些小型的社区中，共同的价值观和遇到的问题等使人们对合作组织十分信赖。而且合作组织中成员的非正式关系也是决定组织正常运行，以及减少内外部交易费用的一个重要因素。而合作社的其他优势则体现在合作社的组织形式和原则上（Hakelius，1996）。

总而言之，当一群经济主体感到与独立交易伙伴交易的成本过高（Bonus，1986），或者其所处产业面临着意味非平衡市场关系的不断下降的平均成本曲线时（Nilsson，1998），合作组织就被建立起来。通过在合作组织框架下运作，弱小的市场主体能够建立起更好的市场平衡力量。

1.2.1.7 合作理论新进展的研究

一是以博弈论（game theory）对合作理论的发展。20 世纪 90 年代以前，合作社理论沿着企业论、契约论和联盟论的思路继续发展，对合作组织的研究主要集中于合作组织的资源配置效率和激励问题。随着博弈论，特别是重复博弈理论的发展和应用，合作组织理论的研究也随着博弈论的运用而出现新的发展趋势，把合作社作为联盟的观点发展起来，博弈论成为主要的分析工具。林毅夫（1990）在美国《政治经济学杂志》发表了题为《集体化与中国 1959～1961 年的农业危机》的文章，运用博弈论的逻辑和"可自我执行协议"的理论对中国 20 世纪 50 年代末农业合作化运动的失败给出了一个假设。二是公共选择理论对合作理论的发展。曼瑟尔·奥尔森《集体行动的逻辑》是公共选择理论的奠基之作。罗伯特·D·帕特南在《使民主运转起来》一书中，以集体行动的理论分析这些公民组织和个人构成的民主的社会资本，运用社会资本、合作、互惠、治理和善治等新的政治分析框架，来解释意大利民主政府的制度绩效，认为社会资本提供一种社会和组织的基础，应发展公民参与网络。他将集体行动置于社会资本的考察中，不仅大大推进了制度理论研究，并且使社会资本研究空前繁荣，社会资本亦成为许多人研究合作问题常用的分析概念。埃莉诺·奥斯特罗姆在《公共事物的治理之道》一书中，提出了"自筹资金的合约实施博弈"模型，认为没有彻底的私有化，没有完全的政府权力的控制，公共池塘资源的使用者可以通过自筹资金来制定并实施有效使用公共池塘资源的合约。

1.2.2 国内研究动态

1.2.2.1 国内学术界关于特色农业的研究

特色农业是在中国农业经济发展的新阶段提出的，它是农业适应中国市场经济的发展应运而生的。我国对特色农业的研究开始于 20 世纪 80 年代，主要研究集中在特色农业的概念、内涵、特征、各地发展的经验、意义和对策等方面。农业部《特色农产品区域布局规划（2006～2015年)》，提出三条特色产品选择标准：一是品质特色、二是开发价值、三是市场前景。

吕火明（2002）全面系统地分析和论述了特色农业的内涵和特征、特色农业的类型和作用、特色农业发展的理论基础、特色农业建设的原则和措施，为特色农业的发展提供了理论支持。[①] 孔祥智、关伏新（2003）分析了特色农业的概念和特征、西部地区发展特色农业的物种资源优势、自然资源优势和环境优势，以及西部地区发展特色农业的背景和机遇、现状和问题，提出了特色农业发展的总体思路，强调指出西部应重点发展特色种植业、特色畜牧业、中药材开发和农产品加工业。[②] 陈印军等（2003）论述了特色农业的概念、特点，分析了西部地区特色农业发展的资源环境优势，指出西部地区在特色农业发展中存在生产趋同、科技落后、品质退化、粗放经营、市场服务体系与信息网络建设落后等一系列问题，并针对性地提出了西部地区特色农业发展的四大战略对策。[③] 杨祥禄（2003）分析了四川发展特色农业的意义、有利条件、基本思路和发展目标，指出四川应将特色水果产品、特色中药材产品、特色蔬菜产品、特色茶叶产品、"两高双低"优质油菜、特色名品杂粮、特色蚕桑产品作为特色农业的重点主导产品，并提出了发展特色农业的政策措施。这些理论探讨为我国特色农业的发展提供了理论支持，指明了特色农业的发展方向，对我国特色农业的发展，特别是农业大省的发展有着十分重要的指导意义。

1.2.2.2　国内学术界关于农民合作问题的研究

对于农民合作研究，国内学者从农民合作定义、类型和必然性、农民合作意愿和合作习惯、农民合作影响因素、农民合作路径、政府与农民合作关系等角度推出了丰硕的学术成果。对当代社会中农民合作最早进行专门研究的是王铭铭（1997）《村落视野中的文化与权力——闽台三村五论》，认为民间的农民合作作为一种社区地方性制度在农村现代化过程中仍然具有积极意义。与王铭铭对农民合作的乐观态度不同，曹锦清（2000）《黄河边的中国》一书则得出"农民善分不善合""农民合作难"的悲观结论，从而引发了学界对农民合作的研究热潮。

（1）农民合作定义、类型和必然性的研究。一是关于农民合作的定义。熊万

---

① 吕火明. 论特色农业 [J]. 社会科学研究，2002 (3)：27–30.

② 孔祥智，关伏新. 特色农业：西部农业的优势选择和发展对策 [J]. 农业技术经济，2003 (3)：34–39.

③ 陈印军，杨瑞珍等. 西部地区特色农业优势、问题与对策 [J]. 中国农业资源与区划，2003，24 (1)：21–24.

杰（2006）认为合作有广义和狭义之分。所谓农民合作，从狭义上说，是指两个以上的农户在某种程度上自给自足地提供平等共享的物品或服务。从广义上看，互惠和现代的企业都可以看成是合作。① 邱梦华（2008）认为，农民合作是指农民为了解决在生产、生活中碰到的仅靠一家一户无法解决的问题和困难，与其他农民相互配合、协调行动，以实现一种既有利于自己又利于他人的结果而出现的社会互动过程。从形式上农民合作可分为两类：一类是社会交换网络式合作；另一类是集体行动式合作。② 唐远雄、陈文江（2011）认为农民合作是指农民之间为了达到某些共同的利益或目标彼此密切配合的一种联合行动。需要强调的是，合作并不一定以组织化的形式出现，只要是彼此配合的协调行动都是合作。③ 程新友、王芳（2010）认为农民合作是指农民个体、群体在逐渐脱离生存理性而向经济理性和社会理性飞跃时，为满足或维护自身利益，分散个体单独经营的风险，汲取必需的社会资源，主动或在他人引导说服下，通过制度内或制度外方式与其他农民个体、群体达成的一种联合。④

二是关于农民合作的类型。罗兴佐（2004）把合作分为两种类型：一类是外生型合作，它主要通过外部压力将分散的个体纳入一定的组织体系中而强制人们合作，外生型合作的典型是人民公社制度，合作的目标导向是国家性的；另一类是内生型，以市场为基础的自愿合作，它以市场为依托，以利益为纽带，通过内部规则而实现合作；也可能是以地域为基础的自治型合作，它以一定区域为边界，以对社区利益和共同规范的认同为基础而实现社区事务的自组织治理。⑤ 宋圭武（2005）、管爱华（2004）把合作分为传统合作、现代合作⑥。邱梦华（2008）从形式上将农民合作分为两类：社会交换网络式合作、集体行动式合作。⑦ 肖赞军、柳思维（2007）把合作分为非正规劳动合作和正规劳动合作，认为伴随市场经济体制改革的深入，农村劳动力的边际生产率将继续提高并日益差异化，其机会成本将逐步演化为一个由大到小的序列，市场方式将进一步替代非

---

① 熊万胜. 关于农民合作发生机制的文献综述 [J]. 华东理工大学学报（社会科学版），2008（4）.

② 邱梦华. 中国农民合作的研究述评——兼论农民合作的定义与分类 [J]. 调研世界，2008（8）：21－25.

③ 唐远雄，陈文江. 布迪厄实践理论视野下的中国农民合作 [J]. 西北农林科技大学学报（社会科学版），2011（6）.

④ 程新友，王芳. 农民合作的变迁及其现实困境——基于湘南 A 村的调查 [J]. 湖南农业大学学报（社会科学版），2010（4）.

⑤ 罗兴佐. 农民合作的类型与基础 [J]. 华中师范大学学报（人文社会科学版），2004（1）.

⑥ 宋圭武. 合作与中国农民合作 [J]. 调研世界，2005（2）：16－18.

⑦ 邱梦华. 中国农民合作的研究述评——兼论农民合作的定义与分类 [J]. 调研世界，2008（8）：21－25.

正规劳动合作，农村非正规劳动合作将退出历史舞台。① 王铭铭（2007）则把社会互助分为家户间互助和公益事业两类。②

三是关于农民合作的必然性。农民合作已有一百多年的历史。早在1927年，毛泽东就在《湖南农民运动考察报告》中提出要把农民组织起来，把农民组织在农会里，实现一切权力归农会。在抗日战争时期，毛泽东在《组织起来》中进一步指出，分散的个体经济是封建统治的经济基础，克服这种状况的唯一道路，就是将农民组织起来。③ 梁漱溟（2005）较多地从文化的角度来认识中国农村和农民的特性。他认为，中国社会是一个分散的、无组织的社会，它全然没有一个组织纪律性和合作的传统。在现代的挑战面前，中国最严重的问题是缺乏集体生活的形式、习惯和思想。由于没有受过团体生活的训练，中国人有两种毛病，即缺乏纪律习惯——人多时不能有秩序；缺乏组织能力——不会商量着办事。中国要实现现代化，必须要农民联合成以理性和伦理关系为基础的、积极的、有组织的团体。④ 黄祖辉（2000）从农业的产业特性角度分析，通过农民之间的合作，可以形成一种抗衡力量（countervailing power），以改变单个农户在市场谈判中的弱势地位。傅晨（2006）⑤、黄祖辉（2000）⑥ 从农业的产业特性角度进行了分析，"总之，只要农业生产中最基本的特点——生产的生物性、地域的分散性以及规模的不均匀性存在，农民的合作就有存在的必然性。"牛若峰（2000）认为竞争和合作是相随的和必然的，是市场经济自运行的两个轮子，是推动现代经济社会进步的两大力量。⑦ 杜吟棠（2002）⑧，姜明伦等（2005）⑨ 认为提高市场谈判力和降低市场风险是农民选择合作、通过农民专业合作经济组织进入市场的主要动因。

另一些学者从制度经济学的角度进行了分析。苗小玲（2005）⑩、冯道杰（2007）⑪ 运用成本—收益理论对农民合作经济组织的产生、发展动力进行了研

---

① 肖赞军，柳思维．中国农村非正规劳动合作的演进——基于一个贫困县的实证研究［J］．经济学家，2007（1）：59－66.

② 王铭铭．村落视野中的文化与权力——闽台三村五论［M］．上海：三联书店，1997.

③ 转引自：邱梦华．中国农民合作的研究综述［J］．云南民族大学学报（哲学社会科学版），2008，25（5）：75.

④ 梁漱溟．梁漱溟全集（第二卷）［M］．济南：山东人民出版社，2005.

⑤ 傅晨．中国农村合作经济：组织形式与制度变迁［M］．北京：中国经济出版社，2006.

⑥ 黄祖辉．农民合作：必然性、变革态势与启示［J］．中国农村经济，2000（8）：4－8.

⑦ 牛若峰．也论合作制（上）［J］．调研世界，2000（8）：12－17.

⑧ 杜吟棠．合作社：农业中的现代企业制度［M］．南昌：江西人民出版社，2002.

⑨ 姜明伦，于敏，郭红东．农民合作的经济学分析［J］．经济问题探索，2005（3）：21－25.

⑩ 苗小玲．农民合作经济组织产生的成本——收益分析［J］．经济纵横，20D5（6）：119－122.

⑪ 冯道杰．农民专业合作经济组织的发展动力研究——基于成本—收益视角的分析［J］．山东经济，2007（3）：125－130.

究。黄祖辉（2000）则认为农民合作组织是一种介于市场与科层之间的制度安排，合作制度的安排能够降低交易成本并控制成本。①

（2）农民合作意愿和合作能力的研究。胡敏华（2007）认为农民合作行为的产生是合作意愿和合作能力的统一，合作意愿是理性农民合作行为产生的前提与基础，而合作经济组织的建立必须要考虑到其所依赖的外部环境，这些反映合作能力的变量是理性农民合作行为产生的现实条件，它决定着农民合作的程度以及合作经济组织发展的情况。②

一是关于农民合作意愿。一些学者认为"农民善分不善合"。小农世世代代地依靠相互扶助解决了大量的合作问题，但在面对现代市场、政治和巨大社会变迁带来的挑战时，却表现出明显的麻木性和分散性，令人惜之，恼之，所以曹锦清（2000）在《黄河边的中国》一书中提出了"农民善分不善合"的命题。③ 贺雪峰（2004）认为笼统地说"农民善分不善和"是不确切的，因为在存在传统组织的地方及中国传统社会中，农民的合作能力还是不错的，但用"农民善分不善合"来形容当前中国大部分农村的实际却是合适的，革命运动的冲击和市场经济的渗透导致当前中国部分农村地区传统组织没落、农民原子化，原子化的农民合作成本高昂，合作无法达成，"不善合"遂成事实。④ 党国英（2005）认为中国农民并不缺乏所谓合作的素质，而是缺乏愿意和他们公平合作的社会外部力量。⑤ 罗兴佐（2006）在其著作《治水：国家介入与农民合作》一书中，以湖北荆门五个村庄为期五年的乡村水利建设实验为个案，在国家与乡村社会关系变迁的背景下探讨农田水利建设中国家介入与农民合作的关系，"研究治水中农民合作的机理，即农民在什么样的基础上能够合作"。⑥ 另一些学者则持反对意见。吴思（2002）不同意将"不善合"视为中国农民的一种"国民性"。认为农民不合作或合作难仅仅是农民趋利避害的结果。⑦ 徐勇（2007）认为，农民善分不善合本不是"天注定"，一切归结于分合能否带给农民以"好处"。在利益的驱动下，农民既善分也善合，我们不必低估农民的合作意愿，也不可低估农民的合作

---

① 黄祖辉. 农民合作：必然性、变革态势与启示 [J]. 中国农村经济，2000（8）：4 - 8.

② 胡敏华. 农民理性及其合作行为问题的研究述评——兼论农民"善分不善合" [J]. 财贸研究，2007（6）：46 - 52.

③ 曹锦清. 黄河边的中国 [M]. 上海：上海文艺出版社，2000：114.

④ 贺雪峰. 市场经济下农民合作能力的探讨——兼答蒋国河先生 [J]. 探索与争鸣，2004（9）：18 - 21.

⑤ 党国英. 消除偏见才能改善农民合作发展环境 [N]. 南方周末，2005，6月（下）.

⑥ 罗兴佐. 治水：国家介入与农民合作 [M]. 湖北：湖北人民出版社，2006.

⑦ 吴思. 中国农民何以"不善合" [J]. 读书，2002（10）.

能力。① 吴理财（2003）认为农民难以形成有效的合作，并非因为缺乏所谓正常的"经济人理性"，而是由于农民在日常生活中形成的特殊的行动逻辑："不在于我得到多少及失去多少，而在于其他人不能白白从我的行动中额外得到好处。"② 罗兴佐（2004）认为合作是一种群体行为，包括外生型和内生型两种类型，农民是否合作，主要不是一个价值判断，而应该是一个事实判断，脱离对合作类型及其基础的考察，抽象谈农民善分还是善合，实在是一个扯不清的问题。③赵泉民、李怡（2007）从社会资本的视角对中国乡村社会的合作经济进行了考察，认为以亲缘和血缘关系为基础的"特殊信任"是中国农民走向合作的行动逻辑，促使个体农民在面临市场挑战时发生合作行为及建立、发展合作经济组织，但同时也内在规定了合作对象及范围的"规模界限"，最终制约了合作经济组织向更大规模、更大地域空间的拓展。④

二是关于农民合作能力。一些学者对影响农民合作的因素进行了实证分析。孙亚范（2003）认为，农户未参加合作组织的原因主要包括：农民对合作组织的认知程度；现有合作组织自身存在的种种缺陷和不足；农民对于合作组织存在和发展存在的种种思想顾虑；能够推动制度创新的"企业家"稀缺，导致制度创新不足。⑤ 郭红东、蒋文华（2004）基于对浙江省农户的实证研究探讨了影响农户参与专业合作经济组织行为的因素，研究结果表明：农户参与专业合作经济组织的行为受到户主的文化水平、生产的商品化程度和政府支持等多方面因素的影响，并随这些因素的变化而变化。⑥ 陈冲（2007）对农民参与合作影响因素的实证研究也得出了类似的结论。⑦ 另一些学者对影响农民合作的因素进行了规范分析。黄祖辉等（2002）认为，影响农民专业合作组织发展的因素大致可归结为产品特性因素、生物集群因素、合作成员因素以及制度环境因素。⑧ 赵晓峰（2007）认为影响农民对合作进行选择的因素主要表现在以下几个方面：制度运

---

① 徐勇．如何认识当今的农民、农民合作与农民组织［J］．华中师范大学学报（人文社会科学版），2007（1）：1－3.

② 吴理财．对农民合作"理性"的一种解释［J］．华中师范大学学报，2004（1）：8.

③ 罗兴佐．农民合作的类型与基础［J］．华中师范大学学报（人文社会科学版），2004（1）：11－12.

④ 赵泉民，李怡．关系网络与中国乡村社会的合作经济——基于社会资本视角［J］．农业经济问题，2007（8）：40－45.

⑤ 孙亚范．现阶段我国农民合作需求与意愿的实证研究和启示——对江苏农户的实证调查与分析［J］．江苏社会科学，2003（1）：204－208.

⑥ 郭红东，蒋文华．影响农户参与专业合作经济组织行为的因素分析——基于对浙江省农户的实证研究［J］．中国农村经济，2004（5）：10－16，30.

⑦ 陈冲．农民参与合作影响因素的实证研究［J］．农村经济，2007（6）：122－124.

⑧ 黄祖辉，徐旭初，冯冠胜．农民专业合作组织发展的影响因素分析——对浙江省农民专业合作组织发展现状的探讨［J］．中国农村经济，2002（3）：13－20.

行成本高昂、农村精英流失与权威缺失、留守农民自身素质不高及传统因素制约、理性农民的比较选择公正观。① 王士海、刘俊浩（2007）认为中国农民目前面临着经营规模过小、社区成员异质性加大和人均人力资本存量少的现实约束，从而导致他们发展农业合作经济组织的交易成本过大，同时由于政府相应的制度供给缺位，使得制度创新缺乏必要的外部支持。②

此外，贺雪峰（2001）《关于农民合作能力的几个问题——兼答蒋国河先生》；吴思（2002）《中国农民何以"不善合"》；党国英（2005）《消除偏见才能改善农民合作发展环境》；胡敏华（2007）《农民理性及其合作行为问题的研究述评——兼论农民"善分不善合"》；李琼、胡赣栋（2006）《转型期中国农民合作的困境制度性缘由》等都对农户的合作能力进行了探讨，指出农民的合作能力取决于合作制度选择的制约因素，如农民自身素质、外部的法律保障、政策激励、信息获取、公共产品供给等。

（3）农户参与专业合作经济组织动因的研究。关于农民专业合作经济组织的产生和农户参与农民专业合作经济组织的动因，主要体现在农民专业合作经济组织的功能和农民专业合作经济组织产生两个方面。

一是在农民专业合作经济组织的作用方面，李惠安（1995）认为农村合作社无论从微观上还是宏观上都发挥了十分重要的作用。而吴定玉（2000）从农业合作社可以从根本上解决一些地区贫困的根源，提高贫困资金的使用效率和增加人们的收入方面分析，认为农业合作社应成为 21 世纪反贫困的组织支撑。张晓山（2001）认为合作社是市场经济中不可或缺的组成部分，要使合作社在我国农业和农村现代化过程中日益发挥其特有的历史功能。国鲁来（2001）认为合作社作为一种创新组织制度，其所带来的组织收益主要表现为降低交易成本收益、规模经济收益、减少不确定性及规避市场风险收益和维护经济地位收益。张晓山（2003）认为在产业化经营中发展农民的专业合作经济组织有其经济和社会的合理性，其一就是降低和减少农民进入市场的成本。许行贯（2004）认为应该站在有效解决我国"三农"问题、全面建设小康社会的高度来认识大力发展农民专业合作社的战略意义和现实意义。而从农户角度看，其作用体现在：解决了千家万户分散经营与统一大市场的矛盾，增强了农民抵御市场风险的能力，提高了农民的组织化程度（赵永柯，2003）。总之，农民专业合作经济组织的作用可归结为组织作用、中介作用、载体作用、服务作用和增收作用几个方面（杨静，2001）。

---

① 赵晓峰. 农民合作：客观必然性、主观选择性与国家介入 [J]. 调研世界，2007（2）：28 – 31.
② 王士海，刘俊浩. 中国农业合作经济组织发展滞后的原因分析 [J]. 邮电大学学报：社会科学版，2007（4）：30 – 35.

　　二是在农民专业合作经济组织产生的原因和农户为什么参与农民专业合作经济组织这个方面，朱广其（1996）认为农户直接进入市场交易需要付出如签订契约等一系列费用，而成立合作组织把农户与其他独立主体之间的交易费用内部化了，虽然合作组织本身运转需要管理费用，但是单个农户分摊的管理费用小于交易费用，农户就选择了合作。

　　鲁振宇等（1996）认为农产品市场是一个接近完全竞争的市场，他用两个图来表示农户直接进入市场和利用组织进入市场是有区别的。他认为农户通过组织进入市场，生产者剩余的损失会远远小于农民直接进入市场的损失。因此，合作组织有其存在的必要。何坪华等（1999）认为，单个农户到市场上去购买和销售产品直接导致了交易费用的上升，即农户的需求是有限的，但是他也必须履行交易的每个环节。为了节省交易费用，而产生了合作组织。么振辉（2000）认为，分散的农户，不可避免地产生外部性，"搭便车"和机会主义等直接导致了农户的交易成本上升，而传统工业优先发展的战略，工农价格"剪刀差"的存在，极大损害了农民的利益。因此，要想保护自身利益，只能是农民合作，建立自己的合作经济组织。黄祖辉（2000）认为只要农业生产中最基本的特点——生产的生物性、地域的分散性以及规模的不均匀性存在，农民的合作就有存在的必然性，通过合作形成抗衡力量，改变单个农户的弱势地位，并对合作成员及所在社区的就业与收入增长发挥积极的作用。国鲁来（2001）认为当收益内部化的结果大于成本内部化的结果时，合作社的产生成了可能。尽管合作社的运行成本比较高，但是合作社能够生存下来，主要是它把增进社员利益作为目标。并指出合作社在提供公平收益方面的作用。苏斯彬、卫龙宝（2004）从交易费用角度解释了农业合作社的规模效应。通过交易费用的角度对其进行深入分析，发现农业合作社在信息处理、和约谈判和合同执行中同样具有极高的效率，从而揭示了农业合作社在提高农业经营效率、运作效率方面与农业的规模经营具有殊途同归的特点。黄祖辉等（2002）认为农产品带有很大的区域性，而产业链的延长可以增加规模优势，现实中由于运输成本等的存在限制了产业链的无限延长，但是合作社的存在可以在一定程度上增加农民的福利。袁迎珍（2004）认为小规模经营无力承担高昂的交易费用是我国农业合作组织产生的主要诱因。他通过建立农村合作经济组织的收益分析和成本分析，得出强制性和诱致性道路相结合是我国建立和完善农村合作组织的最佳途径。杜吟棠、潘劲（2000）认为农业规模化和商品化生产的发展、市场经济体制的确立、产业化模式的兴起及政策的导向使农民专业化经济合作组织迅速在京郊兴起。李昆、傅新红（2004）从农业合作社生存机理问题着手分析，得出合作社生产发展的根本原因是双重特征中的情感因素——信任，并以此为突破口尝试在合作社内部建立高效的制度规范，使合作社成员能够实施自我控制、监督，以杜绝合作社运行中可能出现的管理层面上的道德危机及社员间的投机欺诈行为。姜明伦等（2005）从西方经济学的角度，运用厂商理论和蛛网理论，对农民合作进行静态和动态分析，探讨了农民合作的内在经济动因，并通过典型案例进行了实证分析，认为提高市场谈判力和降低市场经营风险是农民组织出现的主要原因。发展农民合作组织对于改善农民在市场交易中的不利地位，提高农民收入具有很大的作用，政府应鼓励其发展。

（4）农民合作影响因素的研究。目前，国内许多学者从农户合作行为的微观角度对农民参加合作组织的影响因素等相关问题进行了一些探索性的研究，并取得了众多学术成果。这些成果主要表现在以下三个方面：

一是影响农民合作因素规范的研究。一些学者如黄祖辉等（2002）把影响农民专业合作组织发展的因素大致可归结为产品特性因素、生物集群因素、合作成员因素以及制度环境因素。① 王士海，刘俊浩（2007）认为中国农民目前面临着经营规模过小、社区成员异质性加大和人均人力资本存量少的现实约束，从而导致他们发展农业合作经济组织的交易成本过大；同时，由于政府相应的制度供给缺位，使得制度创新缺乏必要的外部支持。② 赵晓峰（2007），认为影响农民对合作进行选择的因素主要表现在以下几个方面：制度运行成本高昂；农村精英流失与权威缺失；留守农民自身素质不高及传统因素制约；理性农民的比较选择公正观。③ 李义波等（2006）、徐力行（2002）、张树川等（2004），认为农户参与专业合作的行为受到户主的文化水平、生产的商品化程度、合作组织自身以及国家、市场和村庄等多方面因素的共同影响。④ 井世洁（2007）同样指出，中国传统的集体主义文化有利于农民走向以血缘、地缘为主的局限于熟人范围内的合作，但又不利于他们走向以契约为主的超血缘、地缘的陌生人之间的合作。⑤

二是影响农民合作因素实证的研究。郭红东、蒋文华（2004），基于对浙江省农户的实证研究，探讨了影响农户参与专业合作经济组织行为的因素，研究结果表明：农户参与专业合作经济组织的行为受到户主的文化水平、生产的商品化程度和政府支持等多方面因素的影响，并随着这些因素的变化而变化。⑥ 郭红东、钱崔红（2004）研究了农户文化程度、年龄、经营土地面积、农业收入比例、卖

---

① 黄祖辉，徐旭初，冯冠胜. 农民专业合作组织发展的影响因素分析——对浙江省农民专业合作组织发展现状的探讨 [J]. 中国农村经济，2002（3）：13 - 20.

②④ 王士海，刘俊浩. 中国农业合作经济组织发展滞后的原因分析 [J]. 邮电大学学报：社会科学版，2007（4）：30 - 35.

③ 赵晓峰. 农民合作：客观必然性、主观选择性与国家介入 [J]. 调研世界，2007（2）：28 - 31.

⑤ 井世洁. 乡土中国社会生态中的合作社组织 [J]. 中国合作经济，2007（10）.

⑥ 郭红东，蒋文华. 影响农户参与专业合作经济组织行为的因素分析——基于对浙江省农户的实证研究 [J]. 中国农村经济，2004（5）：10 - 16.

难问题、种植历史、返销大户销售员比例、农民组织销售比例等诸多因素对农户参加合作意愿的影响。① 孙亚范（2003）认为农户未参加合作组织的原因主要包括：农民对合作组织的认知程度；现有合作组织自身存在种种缺陷和不足；农民对于合作组织存在和发展存在种种思想顾虑；能够推动制度创新的"企业家"稀缺，导致制度创新不足。② 陈冲（2007）对农民参与合作影响因素的实证研究也得出了类似的结论。③ 张东平等（2007）分析了农户性别、年龄、文化程度、家庭劳动力数、受教育程度、土地经营规模等因素对农户参与合作组织的影响。④ 卢向虎、吕新业、秦富（2008）认为影响农户参与农民专业合作组织意愿的因素主要有：农产品的类型、主导农产品的商品化程度、主导农产品销售的市场半径、农产品的价格波动程度、主要农产品收入占家庭总收入的比重、农户在农业生产经营过程中面临的困难、家庭耕地面积、家庭人口规模和户主个体特征等。⑤ 此外，石敏俊、金少胜（2004）张翠娥、王祖贵（2007），徐超（2009）从实证方面对影响农民合作的因素进行了分析。

三是影响农民合作因素外部环境的研究。黄祖辉、徐旭初、冯冠胜（2002）指出影响农民专业合作组织发展的因素大致可归结为产品特性因素、生产集群因素、合作成员因素以及制度环境因素等。⑥ 孙亚范，余海鹏（2009）从满足合作社社员利益需要和行为激励出发，对影响我国农户合作行为的微观因素进行了调查分析：农户合作行为源于外部市场环境的刺激和农户自身增收的利益追求，改善家庭经营的经济效益是决定农户合作行为的根本因素；由于社员合作认知水平和合作组织内部的制度安排影响社员的利益预期和利益实现的程度，因此认为，认知因素和制度因素也是影响社员合作行为的重要因素并进行了系统分析。⑦ 孙亚范（2008）指出影响合作组织的因素除了农民自身因素外，还提出了法律环

① 郭红东，钱崔红. 发展新型农民专业合作组织：农户的意愿分析——对浙江 164 个农户的调查与分析［J］. 农业经济，2004（3）.

② 孙亚范. 现阶段我国农民合作需求与意愿的实证研究和启示——对江苏农户的实证调查与分析［J］. 江苏社会科学，2003（1）：204－208.

③ 陈冲. 农民参与合作影响因素的实证研究［J］. 农村经济，2007（6）：122－124.

④ 张东平等. 基于 Logit 模型下的农民加入专业合作社的意愿分析［J］. 河南农业大学学报，2007（3）.

⑤ 卢向虎，吕新业，秦富. 农户参加农民专业合作组织意愿的实证分析——基于 7 省 24 市（县）的调研数据［J］. 农业经济问题，2008（1）.

⑥ 黄祖辉，徐旭初，冯冠胜. 农民专业合作组织发展的影响因素分析——对浙江省农民专业合作组织发展现状的探讨［J］. 中国农村经济，2002（3）.

⑦ 孙亚范，余海鹏. 社员认知、利益需求与农民合作的制度安排分析——基于江苏的调研数据［J］. 南京农业大学学报（社会科学版），2009（2）.

境、政策环境和社会经济环境这些外部因素对农民合作需求的影响。①

（5）农民合作模式的研究。刘劲松（2004）根据业务范围的不同把新型农业合作经济组织分为生产主体型、流通服务主体型和综合型的合作经济组织，并认为从中国农业的实际情况来看，流通服务主体型的合作经济组织是中国农民所迫切需要的一种新型农业合作经济组织。② 黄珺等（2005）认为新型农民专业合作经济组织的形成模式主要包括：社区合作经济组织主导型、供销主导型、农民自发主导型。③ 曹阳（2007）认为从制度分析的框架看，可以把当代中国农村的专业合作经济组织分为政府主导的合作制度安排和民间自发的合作制度安排两大类；从专业合作经济组织覆盖的领域看，主要有流通领域的合作、生产领域的合作和技术服务的合作，但与此同时，当代中国农村也迫切需要信用领域的合作。④范小建（1999）认为，我国农村合作组织发展的思路大体有两种：一是大综合、大合作的思路，即供销、信用、技术服务三位一体，社区合作融入其中，带动农户，组成综合性的合作社，这种合作形式类似于日本的综合农协。二是在现有的基础上各自完善和发展的思路，即社区性合作组织、专业性合作经济组织、供销社和信用社等自成体系，长期并存，自我改造、自我发展。⑤ 黄祖辉（2000）认为农民合作可分为水平的合作和纵向的合作。传统的农民合作，大都体现为水平的合作，这种合作组织与制度着眼于将分散的农民联合起来，以形成对市场的抗衡力量，并保护农民的基本利益。从西方发达国家农民合作的历史进程看，以纵向一体化为特点的农民合作，是传统农业合作的进一步发展，它与市场竞争相联系，被称为新型的或新一代的农民合作模式。⑥

（6）农民合作路径的研究。曹锦清（2000）建议开展一场新合作运动，对小农的生存方式、思想观念、组织制度进行一场革命。这需要知识分子和政府共同努力，创办合作学校和合作刊物，在农村进行合作试点，用典型来教育农民。⑦贺雪峰认为当农民"不善合"而又需要有合作时，外生型的合作组织并非不能选

① 孙亚范. 农民专业合作经济组织利益机制及影响因素分析——基于江苏省的实证研究［J］. 农业经济问题，2008（9）.
② 刘劲松. 新型农业合作经济组织的模式与路径［J］. 改革，2004（3）：62-65.
③ 黄珺，顾海英，朱国玮. 农民合作经济组织制度创新及形成模式探析［J］. 经济问题，2005（4）：38-40.
④ 曹阳. 当代中国农村微观经济组织形式研究［M］. 北京：中国社会科学出版社，2007.
⑤ 范小建. 关于我国农村合作经济发展有关问题的思考［J］. 农村合作经济经营管理，1999（2）：7-11.
⑥ 黄祖辉. 农民合作：必然性、变革态势与启示［J］. 中国农村经济，2000（8）：4-8.
⑦ 曹锦清. 黄河边的中国——一个学者对乡村社会的观察与思考［M］. 上海：上海文艺出版社，2000.

择。一方面，针对当前地方行政谋取私利致使村庄公共物品供应不足的状况，可以通过县乡村体制改革（"强县、弱乡、实村"）来提高农民合作能力，提供公共物品，实现村庄秩序；另一方面，培育农民合作能力不仅仅是一个制度问题，而且涉及诸多甚为根本的方面，可以通过村庄建设，利用外部资源培育农村的自组织力量，促成农民合作。①

一些学者认为应强调政府的作用，应若平（2007），贺雪峰（2004）认为农民合作能力建设的关键是建立村庄内生力量和国家外生力量相互促进的互动关系，国家权力并不必然在农民合作问题上是负面力量，当农民"不善合"而又需要有合作时，外生型的合作组织也就并非不能选择。② 黄珺等（2005），李佳（2008）从集体行动逻辑的框架探讨了农民合作困境化解的路径。认为集体理性和个体理性的冲突，以及信息不对称和机会主义行为的存在造成了中国农户合作的困境，从理论上说，合作困境的可能改善途径是隐性激励和选择性激励，重复博弈机制和信任资本、合作的小规模，以及组织成员的异质性。③ 张鸣（2004），吴光芸、李建华（2007）强调了社会资本、文化的作用。认为农民合作条件的重要组成部分是文化体系，信任对农民合作十分重要；培育农民的合作精神和合作观念是农村合作经济组织发展的重要条件，因而要改变当前农民合作难的困境必须重建乡村的信任机制，培育乡村社会资本是促进农民合作以及提高乡村治理绩效的关键因素。④

一些学者认为应建立起相应的合作机制。韩洪云、赵连阁（2002）通过对灌区农户合作行为的博弈分析，认为合作规则的建立有利于降低水资源利用过程中的不确定性，降低行为人的相互影响，政府应充分发挥其在合作规则的建立和信息收集方面的优势，为上、中、下游用水者补偿机制的建立创造条件。⑤ 姚洋（2004）则推崇以市场的方式促进农民合作，认为市场本身就为我们提供了一个合作平台。⑥ 刘建平、丁魁礼（2009）结合湖北省万里村、朝阳村公共产品自愿供给的案例实证研究了农民合作行为中的惩罚机制，并认为关于合作条件的研究，需要从激励和惩罚两个角度来展开分析，涉及激励的合作条件包括产权的清

① 贺雪峰. 关于农民合作能力的几个问题——兼答蒋国河先生 [EB/OL]. 三农中国网.

② 应若平. 内生与外生：农民合作能力演变的逻辑 [J]. 调研世界，2007（11）：16 - 19；贺雪峰. 市场经济下农民合作能力的探讨——兼答蒋国河先生 [J]. 探索与争鸣，2004（9）：18 - 21.

③ 黄瑶，顾海英，朱国玮. 中国农民合作行为的博弈分析和现实阐释 [J]. 中国软科学，2005（12）.

④ 张鸣. 漫议乡间合作发生的文化条件 [J]. 华中师范大学学报：人文社会科学版，2004（5）：35 - 37.134.

⑤ 韩洪云，赵连阁. 灌区农户合作行为的博弈分析 [J]. 中国农村观察 2002（4）：48 - 53.

⑥ 姚洋. 以市场替代农民的公共合作 [J]. 华中师范大学学报：人文社会科学版，2004（5）：40 - 41.

晰界定、成本的公平分担机制以及需求强度。[1]

此外，金太军（2004）主张拓展农民的合作网络，建立跨村落，甚至跨乡镇或县域的农民组织。[2] 吴光芸（2007）也认为乡村社会资本即农民长期相互交往形成的关系网络、组织，以及体现于其中的信任、互惠、网络、宽容、同情、团结，它们能够促进农民合作，因而培育乡村社会资本是促进农民合作以及提高乡村治理绩效的关键因素。具体的方法有以下三种：激发和培育农民的公共精神；强化农民的共同体意识；培育乡村民间组织。[3] 姜裕富（2007）给出了以下三条提高村民合作能力的建议：解决村民的机会主义；培育农民合作组织；利用市场机制来引导村民的合作。[4]

（7）政府与农民合作关系的研究。政府与农民的合作关系是农民合作研究中的一个重要问题，对于政府应该在农民合作中的角色定位，不同学者有不同的建议。更多学者认为政府应该在促进农民合作中发挥作用。曹锦清（2000）认为囿于传统习惯的中国小农，单靠自身的经验与力量，无法走向自发的契约联合，需要从外部将新的合作组织与原则导入农村与农民中。但不能由地方政府与官员直接去做。[5] 申端锋（2007）指出当前关于农民合作和组织问题的讨论过于强调农民的自愿性，而忽视了国家的强制性作用。[6] 廖运凤（2004）认为，在市场经济条件下，政府对农村合作经济组织的帮助不仅要体现在必要的财政资金投入和金融优惠，更要体现在对合作经济的法律地位的确认与保护，对合作经济组织的宏观管理与协调机构的设置，对合作制的理论宣传的正确引导，对合作经济所需人才的培养和造就等诸多方面。[7] 苑鹏（2001）认为，政府对农民合作组织的作用更多的是应当体现加强合作立法建设、制定经济扶持政策、提供公共物品等宏观方面，为农民合作组织健康成长营造良好的制度空间，[8] 赵晓峰（2007）认为，当前农业发展面临的阶段性困境，使农民合作具备了客观必要性，但由于一些条件约束，理性农民却更多地选择了不合作，"主客观选择悖论"需要国家力量的

① 刘建平。丁魁礼. 农民合作行为中的惩罚机制研究 [J]. 华中科技大学学报：社会科学版, 2009 (2)：89 - 94.

② 金太军. 拓展农民合作能力与减轻农民负担 [J]. 华中师范大学学报（人文社会科学版）, 2004 (5).

③ 吴光芸，李建华. 培育乡村社会资本、促进农民合作 [J]. 当代经济管理, 2007 (4).

④ 姜裕富. 农民合作能力与新农村建设——以浙江省常山县 ZF 村为个案 [J]. 调研世界, 2007 (1).

⑤ 曹锦清. 黄河边的中国——一个学者对乡村社会的观察与思考 [M]. 上海：上海文艺出版社, 2000：766.

⑥ 申端锋. 农民合作的想象与现实 [J]. 读书, 2007 (9).

⑦ 廖运凤. 对合作制若干理论问题的思考 [J]. 中国农村经济, 2004 (5)：4 - 9.

⑧ 苑鹏. 中国农村市场化进程中的农民合作组织研究 [J]. 中国社会科学, 2001 (6)：63 - 73.

强有力介入。① 姜裕富（2007）认为政府必须有效地参与到农民合作组织中去，通过立法、指导、培育合作文化等途径，提升农民的合作能力，但政府只是在农民合作能力低下时积极主动地参与其中，一旦政府培育的村民组织走上正轨，政府必须及时让位。② 党国英（2007）则质疑政府在促进农民合作中的作用，他以事实为据来说明政府控制与农民合作往往是一个此消彼长的关系；政府控制越是严密，农民的合作也越是困难。政府的存在会替代民间组织的作用，而且这种替代并不总是有效率的。中国人在民间是可以合作的，但如果政府涉入社会的程度太深就会制约民间合作的许多可能性。③

此外，国鲁来（2006）、程漱兰（2005）、孔祥智等（2007）分别从合作经济组织是社会弱势群体联合而成的自助性经济组织，具有促进经济竞争、政治民主和社会稳定的外部正效应，在一定范围和程度上实现了公平和效率的统一；农民合作组织的制度安排的反市场性；农业产业的弱质性角度论证了政府对农民合作组织支持的理论依据。④

综上所述，国外对农民合作的研究采用不同的分析工具，形成了不同的流派，从不同的分析视角得出对合作问题的重要结论，这些卓有成效的研究有的不是完全针对农民合作问题的，但是对农民合作的研究有启迪价值。然而，国外相关理论的产生条件是基于与中国完全不同的要素禀赋、制度安排之上的，因此，作为分析工具，可以借鉴这些理论，同时要考虑到决策者面临的限制条件和机会成本的差异。国内对农民合作的研究，从学科上看，主要是从社会学和经济学展开的；从历史发展的阶段看，可分成"对传统农村社会中农民合作的研究"和"对当代农村社会中农民合作的研究"。对传统社会中农民合作的研究，从属于学者对农村社会结构、社会组织等的研究，农民合作只是作为农村生活中的一项日常实践得以呈现出来。

通过对农户行为研究的综述可以看出，由于研究对象和研究方法以及所处时代的不同，对于农户是否理性这个判断也有所不同，但总的来说，学者普遍认为农户是理性的。任何农户都在追求依据自身价值观而产生的"效用最大化"。即使以旁人的眼光来看农户的行为，认为在某些时候农户是不理性时，其实农户做出的决策在其自身和那个时期来说是理性的。在中国，农村资源要素结构的独特性决定了中国农户行为的独特性。所以，不同农户的决策行为，都是特定的经济、自然等要素条件下的产物，表现了一定的存在合理性。农户实际是如何做决

---

① 赵晓峰. 农民合作：客观必然性、主观选择性与国家介入 [J]. 调研世界，2007（2）：28 - 31.

② 姜裕富. 论农民合作中的政府有效参与 [J]. 中共杭州市委党校学报，2007（1）.

③ 党国英. 打破"永不合作"的社会均衡 [J]. 华中师范大学学报（人文社会科学版），2007（1）.

④ 国鲁来. 农民合作组织发展的促进政策分析 [J]. 中国农村经济，2006（6）：4 - 11.

策的，会受什么因素制约，决策的后果是什么，这些也间接地描述了制度对农户的影响。而农户的决策行为和预期对其参与农民专业合作经济组织的行为也产生了极大的影响。

国外关于合作社的研究非常之多，对于合作社的讨论也不局限于合作社的作用之类，而是具体到了合作社的内部。因此，在影响合作社发展的因素这部分文献中，国外主要的就合作社内部的问题进行了较多的研究，而国内的专业合作社只有二三十年的发展时间，只是一个新生事物，学者对于合作社的研究也在逐步起步，从刚开始主要介绍国外的合作社发展经验，到现在对专业合作组织的发展作用以及其他方面的研究，也都取得了很大的进展。但是在影响合作社发展的因素上，更多的学者是从专业合作社的外部因素来考虑的。

由于我国的农民专业合作经济组织尚处于初步发展阶段，对我国农民专业合作经济组织研究成果的综述表明，我国理论界对农民专业合作经济组织的研究已经具有一定的理论价值和应用价值，但是还存在着一些缺陷和不足：主要是简单地强调农民专业合作经济组织的重要性和必要性；对农民专业合作经济组织的影响因素、运行机制、绩效等进行深入探讨的不多。

我们将在前人研究的基础上，透过农户这个微观主体的角度，探索当前环境下农户参与农民专业合作经济组织的行为特征，并找出影响农户参与农民专业合作经济组织行为的主要因素，在此基础上提出了促进农民专业合作经济组织发展的政策建议，具有一定的现实意义。①

1.3　研究思路与研究方法

1.3.1　研究思路

本书综合社会学、政治学、经济学等学科相关理论，遵循由理论到实证再到政策的研究范式，理论框架和实证模型的构建将特别强调武陵山片区典型化的事实，并力图使后续开展的政策研究切合武陵山片区特色农业发展中农民合作的实际，使提出的对策建议具备针对性和可操作性。

---

① 杨静. 农户合作参与行为问题研究——以江苏省为例的实证分析［D］. 扬州大学, 2007.

1.3.2 研究方法

一是比较和归纳法。通过对国内外相关文献进行比较研究，归纳出分析框架、理论基础、研究假设、实证方法和相关研究结果，并以此来设计本书的实证研究方案。二是实证研究法。运用社会调查、问卷调查、深度访谈、小型座谈会等方法，结合内容分析、社会网络分析等，将武陵山片区特色农业发展中农民合作这一议题置于多层面和多学科考量，获取第一手资料和最新材料，为现状分析、模型开发和政策构建提供依据。三是定量分析法。建立量化指标体系和检测工具，构建实证模型，通过 Logistic 回归分析，了解究竟哪些因素是制约农民合作的关键因素。

第 2 章

特色农业和农户合作理论

2.1 特色农业相关理论分析

2.1.1 农业与特色农业

2.1.1.1 农业的概念

农业是一个最古老的产业，它的产生至今已有上万年的历史。在我国最早的甲骨文里就有"农"字的记载。《汉书·食货志》中说："辟土殖谷曰农"。"辟土"是指耕作土地，"殖谷"是指种植五谷，主要指农作物的植业。英文中农业（Agriculture）一词，源于拉丁文，Agri 是土地，Culture 是耕作栽培的意思，Agriculture 即为耕作土地栽培作物，其意义与我国的农业相同。在此概念的基础上，以后认为农业是利用土地和太阳能，通过植物转化，生产人类需要的食物、工业原料和生物能源的过程，但这里只包含种植业。随着生产的发展和分工，农业除包含种植业外，还包括养殖业（含畜牧业和渔业）和加工业。由于农业范畴的不断扩大，原来农业的概念已很不完善。现在对农业的定义是：人类通过社会生产劳动，利用自然环境提供的条件，促进和控制生物体（包括植物、动物和微生物）的生命活动过程来取得人类社会所需要的产品的生产部门。由于农业与环境有密切的关系，因此农业除利用自然环境提供的条件外，又反过来影响自然环境条件，所以农业除生产人类社会所需的产品外，还应为人类生存和发展创造一个优良的环境条件。

2.1.1.2 特色农业的内涵

什么是特色农业？目前，学术界还没有统一的界定，还没有形成共识，很多学者从不同的研究角度提出了不同的见解和认识。

一是从区域和优势的角度来对特色农业下定义。吕火明（2002）认为，特色农业就是人们立足于区位优势、资源优势、环境优势和技术优势，根据市场需要和社会需要发展起来的具有一定规模的高效农业。① 赵贵宾（2003）认为所谓的特色农业，就是有效利用一定区域内独特的农业综合资源，开发具有独特的资源条件、明显的区域特征、特殊的产品品质的名优农产品，并将其转化为特色商品而供应给特定的消费市场群体的现代农业。② 刘成玉（2003）认为特色农业的核心目标就是依靠先进技术和密集的资金投入等作为生产途径，开发特色资源、生产独具特色的农产品。③ 二是从效益的角度来对特色农业下定义。陈东景等（2000）认为特色农业是充分利用特定区域农业资源，开发出经济价值高、相对收益高、品质上具有绝对竞争优势的特色农产品。④ 颜合洪（2002）认为特色农业是农业范畴的扩大和向更高层次的发展，它是人类通过社会生产劳动，利用一个地区自然环境的优越条件，促进和控制生物体的生命活动过程来取得人类社会所需要的、具有地方特色和高附加值的产品的生产部门。⑤ 陈印军等（2003）认为，特色农业是指具有明显的地域性、很强的商品性、较高的经济价值、易变的市场需求的特种种植业、养殖业、特种林果产品与食用菌类生产和特色农产品加工业。⑥ 三是从市场需求和社会需求的角度对特色农业下定义。李金良（2000）等认为："特色农业是按照市场经济的客观要求，依托当地独特的地理、气候、资源、产业基础和条件形成的具有一定规模优势、品牌优势和市场竞争优势、主导一定区域农业经济发展的高效农业。"四是从农产品生产经营模式上下的定义。⑦ 刘华周（2001）认为特色农业是指以提高经济效益和可持续发展为目标，充分利用区域自然资源优势和社会经济条件，开发具有区域特色和较高市场竞争力的农产品的农业生产经营模式。⑧ 邹东升（2001）认为特色农业强调合理和充分利用区域资源，重点突出特色、强调效益，以保证经济的持续高效增长；借助科技创新和资源异质化，推动主导产业不断创新和品牌产品发展，并在此过程中

---

① 吕火明. 论特色农业 [J]. 社会科学研究, 2002 (3)：27 - 30.
② 赵贵宾. 甘肃省发展特色农业的优势和措施 [J]. 甘肃农业科技, 2003 (10)：27 - 29.
③ 刘成玉. 对特色农业、产业化经营与农业竞争力的理论分析 [J]. 农业技术经济, 2003 (4)：7 - 11.
④ 陈东景, 王晓峰等. 新疆特色农业发展初探 [J]. 新疆农垦经济, 2000 (5)：17 - 19.
⑤ 颜合洪. 特色农业的内涵、形成条件和发展对策 [J]. 作物研究, 2002 (1)：9 - 11.
⑥ 陈印军, 杨瑞珍, 尹昌斌. 西部地区特色农业优势、问题与对策 [J]. 中国农业资源与区划, 2003 (2).
⑦ 李金良, 贺洪海. 必须大力发展特色农业 [J]. 经济师, 2000 (5).
⑧ 刘华周, 黄德安. 特色农业的经济学思考——兼评江苏省丰县特色农业产业化经营实践 [J]. 农业科技管理, 2001 (6).

实现高效持续发展的农业运作模式。① 刘贞富、贺志强（2002）认为特色农业是指以充分挖掘和利用当地自然、经济和社会资源，或者创造条件，以一定的资源为依托，以建立农业主导产业为重点，通过产业化经营、市场化运作，使产品在数量、规格、质量、规模方面具有独特优势，并形成具有较强竞争力的产业优势，从而获得较高经济效益的农业组织形式和经营方式。

根据以上分析，特色农业是在一定的经济区域内，利用本地区独特的地理、气候、资源、产业等条件，适应市场需求的、具有显著区域特色的一种农业产业，具备一定生产规模和农业产业化程度，并具有很强市场竞争力和显著经济效益的农业产业。

根据农业的概念和内涵，特色农业的内涵应包括农业生产业、农业工业和农业商业。农业生产业是特色农业的主体部门，包括作物业、林木业、畜禽业、水产业、低等生物业五个部分。农业工业包括农用工业、农后工业两种与特色农业密切相关的工业。农用工业是指为特色农业生产服务的工业，如化肥、农药、农机、农膜等；农后工业是指特色农产品加工工业。农业商业包括特色农业的生产资料市场、特色农产品的内贸和外贸市场等。此外，特色农业还要涉及农业金融、农业科技、农业教育、农村基本建设、农业行政管理与政策等内容。

从以上农业的概念可知，特色农业是农业范畴的扩大和向更高层次的发展。因此，可将特色农业定义为：特色农业是人类通过社会生产劳动，利用一个地区自然环境提供的优越条件（如气候条件和土壤条件等），促进和控制生物体（包括植物、动物和微生物）的生命活动过程来取得人类社会所需要的、具有地方特色的和高附加值的产品的生产部门。

2.1.2 特色农业发展的理论与实践依据

2.1.2.1 特色农业发展的理论依据

尽管经济学说史上没有对特色农业作过专门探讨，但论述其相关问题的思想仍不鲜见，这些思想为特色农业的开发与发展奠定了基础。

（1）比较优势理论。比较优势是国际分工和区际分工的重要基础，该理论给参与国际贸易各国的优势产业发展提供了理论指导。这些理论包括：一是斯密的绝对成本理论。他认为，每一个国家都有其适宜于生产某些特定产品的绝对有利条件，如果每个国家都按照其绝对有利的生产条件（即生产成本绝对低）去进行专业化生产，然后彼此进行交换，则对所有国家都是有利的。各国按照各自有利

---

① 邹东升. 特色农业理论初探 [J]. 作物研究，2001（1）：7 - 8.

的条件进行分工和交换，能使其生产要素从低效率产业流入高效率产业，合理配置资源，促进其绝对优势产业的发展。二是李嘉图的比较优势理论。李嘉图认为，国际贸易的基础并不限于绝对差别，只要各国之间存在着相对差别，在不同的产品上就会存在比较优势，这样国际分工和国际贸易仍会发生。所以，他主张各国应按比较成本（或相对成本）进行专业化生产，促进资源合理配置，推动其优势产业的发展。三是赫克歇尔—俄林的要素禀赋理论。赫克歇尔于1919年提出了要素禀赋论的基本观点，他的学生俄林接受并发展了这些观点，在其1933年出版的《区际贸易与国际贸易》一书中提出了著名的要素禀赋论。该理论分析了比较成本差异产生的原因，完善了李嘉图的比较成本理论。俄林认为，比较成本差异产生的原因在于各国生产要素禀赋的差异。因此，各国应按要素禀赋条件，进行国际分工，即专业化生产本国拥有优势生产要素的商品，发展自己的优势产业。四是新技术贸易论。由美国波斯纳（M. Posner）等率先提出。该理论强调科学技术的研究和开发在形成国际贸易格局和产品比较优势中所起的作用。波斯纳认为，各国的技术进展情况很不一致，当技术领先的国家发明出一种新产品，且尚未被其他国家所仿制时，就会产生国际的技术差距，该产品自然具有出口优势。但随着技术上的国际标准化，动态的技术优势逐步消失，该国又转而生产另一种新产品，从而产生新的出口优势。该理论说明，一国产品要想在市场上始终处于领先地位，就必须将比较优势转化为竞争优势，而实现这一转变的决定因素就是科学技术。

虽然以上理论是讨论国际分工问题的，但对我国不同经济区域的分工仍具有适用性。这是因为：一是国内各区域不是独立的政治单元，区域之间没有国界和边防，也没有制度背景的差异；二是国内各区域是一个完全开放的系统，不存在关税壁垒，区际经济交往使用共同的货币，不存在汇率障碍；三是在历史、文化背景方面，国内区域差异比国际差异要小得多；四是我国正在建立和完善社会主义市场经济体制，不存在经济体制差异障碍；五是我国目前正在实施西部大开发战略，国家在技术进步、生产要素的流动等方面出台了一系列有效的政策措施，使东西部地区之间确立起健康的区域经济秩序。所以，上述比较优势理论对我国特色农业发展具有指导意义。

（2）马克思主义经典作家的相关理论。马克思主义经典作家对区际分工做过许多研究。马克思在《资本论》中指出："同一个生产部门，根据其原料的不同，根据同一种原料可能具有的不同形式，而分成不同的或崭新的工场手工业。"并且，"把一定生产部门固定在国家一定地区的地域分工，由于利用各种特点的工场手工业生产的出现，获得了新的推动力。"① 这里，马克思强调了"地域分

① 马克思. 资本论［M］. 北京：人民出版社，1975：392.

工"的意义。列宁对于区际分工理论的发展也做出了突出贡献，他认为：区际分工是不同的地区、不同国家普遍存在的现象，地域的分工并不是我国工业的特点，而是工场手工业（包括俄国和其他国家）的特点；小手工业没有造成这样广大的地区，而工厂却破坏了这种地区的闭塞性，促使作坊和大批工人迁移到别的地方。区际分工的基本特征是专业化生产的出现。即"各个地区专门生产某种产品，有时是某一类产品甚至是产品的某一部分。"①

除了上述两个理论以外，自然地域分异规律、农业资源经济理论、农业资源配置理论、农业生态经济理论也都对特色农业发展有一定的指导意义。

2.1.2.2 特色农业发展的实践依据

（1）西方发达国家发展特色农业的经验。农业是国民经济的基础，为夯实这一基础，各国各地区都在不断寻求适合自身情况的农业发展之路。如在人多地少的国家和地区，走先投入较多的劳动，再转而提高劳动生产率的日本式道路；而在人少地多的国家和地区，先投入较多的物化劳动，走迅速提高劳动生产率的美国式道路。即使是在农业资源十分贫乏的国家和地区，也由于依靠科学技术，突出自身特色而取得成功。例如，以色列是一个面积只有1.4万平方公里的小国，其国土一半以上都是沙漠，自然资源十分贫乏，但却创造了世界一流的农业，成为与恶劣自然环境做斗争的成功典范。其根本原因是有针对性地根据本国的资源特点，依靠科技，在开发改造自然环境、生物工程尖端技术、水资源利用技术、设施农业技术和高产优质品种栽培技术等方面的研究利用独具特色。再如，荷兰，土地资源短缺，他们就重点发展鲜花和蔬菜等高效农业为主的外向型农业，从而成为"世界的庭院"。其鲜花在世界花卉市场占有率达60%以上。

专栏2-1

荷兰：创意农业发展迅速 产业链条完整发达

荷兰创意农业注重通过文化创意感召力拓宽市场，使农产品具有更大地市场吸引力和竞争力，创造出新价值和新的市场空间，产业发展的可持续性也随之增强。

---

① 列宁. 列宁全集 [M]. 北京：人民出版社，1959：389.

荷兰的创意农业是一种文化艺术含量高、附加值高的农业新形态。荷兰的涉农企业和农户精益求精，力求生产出能满足社会需求、适销对路、科技含量高、有文化韵味的创意农产品。他们强调在运用农业科技动力提高对创意农业效益增长的贡献率的同时，积极挖掘地方文化传统价值，运用文化元素提升农业产业附加值，使农产品具有更大地市场吸引力和竞争力，创造出新价值和新的市场空间。荷兰花卉产业链经营的巨大成功就是建立在荷兰独特的花卉文化基础之上的。荷兰是郁金香的国度。郁金香文化和种植历史可追溯到四百年前。19 世纪，法国作家大仲马所写的传奇小说《黑郁金香》，更使得荷兰的郁金香文化在世人印象中留下深刻烙印。现在的荷兰不仅是世界郁金香最集中的生产地，也是郁金香最大的集散地。在荷兰西部的利瑟，郁金香田地一望无际。当地花农根植于郁金香文化，将传统的以花卉生产为导向的发展模式转化为以市场或消费为导向的模式，使郁金香生产及其产品成为现代时尚创意的多种载体。利瑟每年的郁金香季从 3 月持续到 8 月，这期间会举行距离长达 40 公里的郁金香花车游行，几十辆用数以亿计的郁金香和风信子装饰而成的花车在乡间缓缓穿行，前有乐队引路，后有马车护卫。花车上的花娘，就像播撒春光的花神，经过时留下满径芬芳。这一活动每年吸引来自世界各地的几十万游客，强大的文化感召力不断提升郁金香在世界范围内的需求量，市场也随之拓宽，产业发展的可持续性更强。目前，荷兰每年的郁金香产量达到 90 亿株以上，其中 2/3 用于出口，最大的出口目的地是美国和德国。利瑟的花农期望把鲜花卖给全世界的花店和市场，从而获取巨大利润。像荷兰这样，把一种花卉的生产与其文化相结合，培养成一个国家的重要经济支柱，在世界上是极为少有的。

资料来源：刘丽伟. 荷兰：创意农业发展迅速产业链条完整发达 [N]. 经济日报，2011 - 08 - 14.

（2）我国东部发达地区发展特色农业的经验。山东省是全国特色农业发展的先进代表。近十年来，山东省创出一条规模化种植、标准化生产、产业化经营、现代化加工的特色农业成功之路。各个区域开发出一批闻名全国的优势产业和特色产品，农业产业结构向板块经营、规模经营发展。潍坊农业基本形成了以诸城、安丘、高密为主的禽肉、花生生产区，以安丘、寿光为主的蔬菜生产区等五大农产品出口基地。此外，烟台苹果、莱阳梨、龙口粉丝、沾化冬枣等主业突出，特色鲜明。随着山东省农业的不断发展，特色农业的组织形式不断创新。目前已形成的特色农业的模式大体有以诸城为代表的加工龙头企业带动型、以寿光为代表的产地批发市场带动型、以莱阳为代表的农业专业合作经济组织带动型、以德州为代表的专业大户带动型。①

专栏 2-2

青岛平度马家沟芹菜

青岛平度马家沟芹菜，产于青岛平度市李园街道办事处马家沟及周边村庄，属山东省著名地方特产之一。距今已有1000多年的种植历史，因其独特的种植技术和生态环境塑造出的芹菜不仅叶绿茎黄，空心无筋，鲜嫩酥脆，味道鲜美，而且含有丰富的钙、铁、胡萝卜素ABC等多种人体所需的微量元素，因为芹菜属于粗纤维蔬菜，且含有芹菜油，具有独特的芳香气味，可开胃促进食欲，在医学上还有止咳健胃、降压排毒、养颜保健等多种功能。

马家沟芹菜，山东省著名地方特产之一，中国国家地理标志产品。原产于青岛平度市李园街道办事处马家沟及周边村庄，种植历史悠久，独特的种植技术和生态环境使马家沟芹菜不仅品质优良，而且富含多种微量元素。据平度市马家沟芹菜示范基地负责同志介绍，正宗的马家沟牌芹菜包装盒上贴有无公害农产品、绿色食品、山东省著名商标和国家地理标识保护产品标识，其中地理标志保护产品标识，刮开涂层，可查询真伪，每箱只有一个唯一编码，相当于"身份证"。2009年销售价格分别为：特级精品玻璃脆1公斤装每盒400元，精品2公斤装每盒88元；精品芹菜心1公斤装每盒88元；精品简装每公斤20元。以这样的价格，今年青岛平度市李园街道仅3000亩芹菜单季总收入可达4000万元，人均增收900元。

马家沟芹菜先后获得多项产品荣誉。2003年，青岛琴园现代农业有限公司在国家工商局注册了"马家沟"牌商标。2005年，通过了青岛市无公害农产品生产基地认定；获得了国家农业部无公害农产品认定；获得了国家农业部绿色食品A级认证。2006年，获得青岛市农产品品牌称号和青岛市消费者最喜爱的名优农产品称号；被评为2008青岛奥帆赛食品备案种植基地。2007年，被授予"2007青岛市食品质量放心品牌"；被评为"岛城十大商标"（农

---

① 张婷婷. 山东省区域特色农业发展研究 [D]. 聊城：聊城大学，2006.

产品类）；获国家地理标志保护产品，成为中国第一个叶类蔬菜地理标志保护产品；2008 年，被评为山东省著名商标；获有机食品认证；马家沟芹菜种子搭载神舟七号遨游太空并开展了航空育种试验；2009 年，马家沟芹菜参加第三届中国商标节，"马家沟"牌芹菜获"全国六十件最具市场竞争力的农产品商标"奖。2010 年，"马家沟"牌芹菜被评为中国驰名商标，荣获"第八届中国农产品交易会金奖"和"青岛十大名特优农产品品牌"称号。

资料来源：笔者根据相关资料整理而得。

（3）我国西部地区发展特色农业的经验。《西部大开发"十二五"（2011～2015 年）规划》第七章"美好新农村"中，按现代特色农业、畜牧业和林业具体阐述了发展优势特色农业的规划意见。加强农田水利建设，加快中低产田改造，建设基本口粮田，推进旱涝保收高标准农田建设，大力推广良种良法，加快推进农业机械化，确保粮食面积稳定、产量稳步提高。强化农业补贴和主产区投入，建设高产稳产商品粮生产基地。推进农业结构调整，优化生产布局，促进农产品向优势产区集中。加快发展设施农业，推进蔬菜、水果、茶叶、蚕茧、烟草、花卉等作物标准化生产。全面落实扶持生猪生产的政策措施，稳定生猪生产，保护生猪养殖积极性，保障市场供应。发挥陕西杨凌农业高新技术产业示范区和甘肃河西走廊星火产业带高效节水示范工程作用，推进现代农业、旱作节水农业和节水灌溉工程建设。推进农业产业化经营，扶持一批大型龙头企业和农民专业合作社，提升农业产业化水平。"十二五"时期，西部地区要在继续保持粮食播种面积稳定、产量稳步提高的同时，加快农业结构调整，优化生产布局，促进农产品向优势产区集中。重点发展马铃薯、啤酒大麦、油菜、特色粮油、优势良种、棉花、甘蔗、苹果、葡萄、柑橘、核桃、蔬菜、天然橡胶、花卉等具有竞争优势的大宗农产品。对西南一些丘陵山区来说，由于受自然地理条件的制约，很难搞大规模经营，但也可因地制宜搞小规模、多品种生产，大力发展绿色有机产品，提高产品附加值。[①]

---

① 国家发展改革委西部司司长：解读西部优势特色农业发展规划。

专栏 2 - 3

崇庆枇杷茶

崇庆枇杷茶，四川省崇州市（旧称崇庆县）特产，中国地理标志产品。崇庆枇杷茶是中国珍贵而又稀少的茶树品种资源，为崇州独有，因叶似枇杷叶而得名。产地位于邛崃山脉，生长在海拔 1000 米左右、云雾缭绕的高山上，环境独特。崇庆枇杷茶具有发芽早、芽叶肥厚、发枝能力强、香高、味浓、耐冲泡等特点。崇州市现有茶园面积 3328 亩，产量 131 吨，茶树品种主要为四川中小叶种和崇庆枇杷茶。

为了保护和发展崇庆枇杷茶，做强做大枇杷茶产业，2008 年，崇州市从事种植、加工崇庆枇杷的茶农联合起来，成立了崇州市枇杷茶专业合作社，申报为农产品地理标志。并由合作社对枇杷茶树实施保护，挂牌保护了 1292 株乔型老茶树，每株老茶树补贴茶农 100 元。2009 年，新发展了 50 亩枇杷茶园。保护范围涵盖四川省崇州市怀远镇、三郎镇、街子镇、文井江镇、鸡冠山乡一代的龙门山脉，辖山区 5 个乡镇 23 村，地理坐标为东经 103°19′24.1″ ~ 103°28′1.8″，北纬 30°44′49″ ~ 30°47′16″。

崇庆枇杷茶早在清代就被誉为"贡茶"，1965 年被评为中国 21 个优良茶树品种之一，1984 年被四川省茶树品种审定委员会认定为四川省五大地方良种茶树之一。崇庆枇杷茶"枇杷仙茗"产品在成都市第二届"甘露杯"、四川省第三届"甘露杯"中荣获省、市"优质名茶"称号。2009 年 5 月 27 日被农业部列为农产品地理标志保护产品。

资料来源：笔者根据相关资料整理而得。

2.1.3 特色农业发展的模式与趋势

2.1.3.1 特色农业发展的主要模式

根据我国现有的研究成果，乔国栋（2012）把特色农业的发展模式归纳为以下六种类型：[①]

① 乔国栋. 中国西部地区特色农业发展研 [D]. 北京：中央民族大学，2012.

一是政府组织推动型。目前，我国各级人民政府在农业生产要素配置以及农业的宏观调控上发挥着至关重要的作用。假如各级政府能够合理利用自身在农业发展中的权力，对于特色农业的发展将会是一项根本保障。

二是"龙头"企业带动型。"龙头"企业在市场开拓、技术研发、品牌建设等方面有明显优势，有利于特色农业的经济要素的强力聚集。大型"龙头"企业，对内通过农户的联合、产品附加值的提升以及产品服务的优化，对外通过与国际市场的接轨，带动了当地特色农业的产业发展，对于一些不发达地区来说，特色农业"龙头"企业成了当地的经济支柱。

三是后续产业支撑型。在提倡"绿色环保"的今天，各地区发展特色农业是以环境保护为前提的，建立后续产业是特色农业发展的前提之一。例如，宁夏泾源县的泾河清真肉联厂，是以牧草种植加工作为其后续产业支撑而发展起来的地方特色产业。

四是基地资源引发型。在市场经济条件下，特色农业的生产基地具有独特的农业资源，在吸引国外和国内资本、人才和先进技术等方面有巨大的优势。未来，特色农业发展的关键是在加强基地资源的发掘和开发的基础之上，借助良好的基地建设环境、人才资源优势，在短时间内将基地资源优势和环境优势转化为市场和产品优势。

五是专业大户带动型。发展中要十分重视特色农业科技园区的建设，不断发掘特色农业产业，丰富特色农业科技园区的项目种类和技术。当前，我国农业的经营模式以分散的家庭经营为主，在这样的形势下，一些农业大户和科技示范户就成了各地区发展农业的中流砥柱。因此，地方政府要充分发挥各专业协会和农业合作组织的作用，使这些农业大户、示范户能够在地区农业的发展中起到带头示范作用，充分调动农业大户本身和地方农业户的积极性。

六是科技园区孵化型。农业科技园区已逐渐成长为地方农业发展和农业创新的增长极，农业科技园区在人才技术引进、资金投入等方面享受着很多优惠政策。虽然，现在我国的农业科技园区发展正处在探索阶段，其发展的规模和水平参差不齐，但在一些地区，农业科技园区已经成为当地农业发展的支柱。因此，未来我国在特色农业的发展中要十分重视特色农业科技园区的建设，不断发掘特色农业产业，丰富特色农业科技园区的项目种类和技术。

2.1.3.2　特色农业发展的趋势

特色农业的迅速发展，为各地产业结构调整，发展高附加值、创汇农业，建立高科技农业龙头企业，加速农业产业化进程注入了新的生机和活力。特色农业具有广阔的发展前景，发展趋势显著。

一是发展方向国际化。与发达国家农业相比，我国农业存在着劳动力成本低、劳动产品社会市场资本低的有利因素。只有在国际市场上站稳脚跟，参与国际市场竞争的特色农业，才有更大的发展潜力和发展前途。从国内发展特色农业比较成功的地区和企业来看，无一例外参与了国际市场的竞争，且取得了可喜成绩。因此，国际化将成为特色农业今后发展的一个重要方向和目标。

二是技术支撑高新化。任何形式的特色农业，必须不断进行技术创新，以求得产品质量不断上档升级，从而在激烈的市场竞争中立于不败之地。一方面，科学技术的迅速发展及其应用，使特色农业获得了巨大的推动力；另一方面，特色农业越来越需要高新农业科学技术的支撑。据调查，凡是特色农业搞得好的地区和企业，无不重视农业高新技术的研究、创新与应用，并且使其走上了良性循环轨道。

三是经营模式的多样化。特色农业的经营模式正呈现多样化的趋势，如产销协作模式、龙头企业带动模式、专业化基地模式、合作经济组织模式等。

专栏 2 - 4

浮桥村萝卜论个卖

"你可别小瞧俺们这些萝卜，它们可是论个卖的，一个 1.5 元呢。"眼下正值露天萝卜上市的季节，5 月 18 日，记者在洛城街道浮桥村看到，这里的萝卜卖法与其他地方的不一样，不按斤而是论个。

记者在村民巴庆民家的萝卜地中看到，他家的萝卜果长且直，绿如翡翠，落地即碎，单个萝卜重约 1 斤。据他介绍，现在的青萝卜价格在每斤 1.3 元左右，由于他们村的萝卜名气大，且口感、外观等都优于其他地区种植的萝卜，因此该村种植的萝卜大多论个卖，单个的价格在 1.5 元左右，而这完全得益于合作社和萝卜品牌的效应。"我这片地种植了 5 亩的萝卜，每亩产量在七八千斤左右，每亩的收入在 1 万元左右。"巴庆民高兴地告诉记者。

"看到那些楼房了吗，基本上都是靠村民们种萝卜种出来的。全村 280 多户村民都要搬进这新楼房。"村主任岳作忠指着远处的一座座拔地而起的公寓楼，高兴地告诉记者。"按照今年的价钱，每亩萝卜的收入在 1 万元左右，我们浮桥村今年共计种植了 1100 多亩萝卜，一年就可为我村带来 1000 多万元的收入，平均每户收入在 3 万元以上。村民的腰包鼓起来了，便想住楼房，过城里人的生活。"

而在成立合作社、注册"浮桥萝卜"品牌之前，村中种植萝卜村民的收入则是另外一种状况。岳作忠告诉记者，浮桥村种萝卜虽然有 20 多年的历史，但由于缺乏统一管理，品牌影响力不足，种出的萝卜多被当作潍县萝卜收购，且售价越来越低，价格最低时仅卖到几毛钱一斤。

从 2008 年开始，浮桥萝卜注册了品牌，成立了合作社，浮桥萝卜一下子由"弃儿"成了市场的"宠儿"，身价倍增，而且销售渠道畅通。由于统一管理，统一打市场，浮桥萝卜不但有了自己的品牌，更是有了自己的包装。现在，浮桥萝卜多销往全国各大城市的超市，价格更是翻了几番，由几毛钱一斤涨到了最高时的三四块钱一斤。

资料来源：李春芝 . 寿光农业与品牌战略 ［D］. 寿光市委党校，2010.

2.2　农户合作与中国农户合作的历史沿革

2.2.1　农户合作相关概念

2.2.1.1　农民与农户

农户是人类进入农业社会以来最基本的经济组织。从国内外已有的有关农户的研究与论述来看，学者们从不同的角度对农户或家庭农场进行了概括。我国一些研究农民问题的专家认为，农户不同于农民，农户和农民是两个不同的概念。"农民"这一概念可以从三个方面来理解：第一，区位划分。农民是指居住在农村的居民（villager），它的对立面是城市人。第二，职业划分。农民是指以从事农业生产为主的劳动者（farmer）。第三，身份划分。农民是指不享受国家任何福利的农民，其社会地位相对低下（peasantry）。[1] 有些学者在研究中以家庭经营代替农户。大多数学者从农户与家庭农场的异同方面展开研究。但学者们很少将"农户"与"家庭农场"混用，一般在谈到亚洲国家时使用"农户"，在谈到欧美国家时使用"家庭农场"。[2] 黄宗智（1986）将新中国成立前的小农户也称为

---

①② 龙小文 . 农户经济组织研究 ［M］. 长沙：湖南人民出版社，2005.

家庭农场。① 还有学者从发展的角度指出，家庭农场就是种田大户。② 认为，在一定意义上说，美国最早的家庭农场"近似中国的个体农户"。韩喜平（2001）认为，农户（rural household）或"小农户"（smallholdr），是以血缘关系为基础而结成的从事农业生产经营活动的农民家庭。③ 陈传波、丁士军（2005）认为：农户就是指生活在农村的、主要依靠家庭劳动力从事农业生产的、并且拥有剩余控制权的、经济生活和家庭关系紧密结合的多功能的社会经济组织单位。④

杨静（2007）认为，所谓农户是指由血缘关系组合而成的一种社会组织形式。韩明漠（2001）认为农户是以血缘关系为基础而组成的从事农业生产经营活动的农民家庭。在我国，农户是一个社会与经济功能合一的单位，它既是从事农业经营和农业生产的经济组织，又是建立在姻缘和血缘关系基础上的社会生活组织。它具有生产、消费、生育、教育、积累、文化等多方面的社会经济职能。由于目前农民就业渠道和方式的多样化，农村中存在许多完全脱离农业生产的家庭，而为农户最本质的特征是从事农业生产。当然并不是农户家庭的所有成员都应该从事农业生产，但至少应该是部分成员从事农业生产，农业经营收入构成其家庭收入的主要部分之一。如果一个农村家庭根本不从事农业生产，那么它实际上已经不具备农户的基本特征，也就不能称其为农户。因此，并非所有的农村家庭都可以称之为农户。本书所指的农户是以婚姻、血缘关系为纽带组成的完全或部分从事农业生产的农村家庭。⑤

根据以上学者的研究成果，本书所研究的农户是指居住在农村（具有农村常住户口），在农业产业化经营过程中，从事农业生产、农业养殖、农业服务或农业经营管理等的涉农经济组织。这一概念包含以下特征：一是农户是一个以家庭为单位的经济组织，家庭成员共同从事涉农活动，并享有剩余控制权和剩余索；二是农户拥有农村常住户口，其居所在为农村；三是从农户的生产经营活动来看，它所从事的活动对象是涉农产品的生产或服务。

2.2.1.2 合作与农民合作

合作是人类社会中一个非常普遍的现象，无论是在经济领域，还是在政治、文化等各个层面，都广泛存在着不同形式的合作。合作的主体是两个或两个以上的个体或者是更大的社会实体，其行为发生的内在动力是为了追求某种益处的共

---

① 黄宗智. 华北的小农经济与社会变迁 [M]. 北京：中华书局，1986.

② 胡书东. 家庭农场：经济发展较成熟地区农业的出路 [J]. 经济研究，1996 (5).

③ 韩喜平. 农户经营系统分析 [M]. 中国经济出版社，2001.

④ 陈传波，丁士军. 中国小农户的风险及风险管理研究 [M]. 北京：中国财政经济出版社，2005.

⑤ 杨静. 农户合作参与行为问题研究——以江苏省为例的实证分析 [D]. 扬州大学，2007：2-3.

同目标。这种益处或收益来源于生产、生活的实际需要，可以是经济上、也可以是政治上、文化上等各个层面，甚至是这几种领域相互交织在一起的复合利益。依据制度经济学理论，合作产生是由于当事人各方为了获得潜在利益，为减少交易费用而采取的理性行为方式。本书认为，合作是指人们为了一定的目的一起协作劳动、联合行动、共同完成某项任务。合作包括三个要素，即合作主体、潜在利益和行为方式。只要经济活动的不同主体为了获得潜在利益而进行协同、协作劳动，他们之间就构成了合作关系。

所谓农民合作，熊万胜（2008）认为，从狭义上说，是指两个以上的农户在某种程度上自给自足地提供平等共享的物品或服务。这个定义的核心在于物品的消费者也是决策者或者生产者本人，也就是说这个过程具有浓厚的自给自足色彩。这里有三个关键词：自给自足，平等，共享。蔡昉（1999）在认为农民个体、群体为满足或维护自身利益，汲取必需的社会资源，主动或在他人引领下，通过制度内或制度外方式与其他农民个体、群体达成一种联合，以实现自己在单独情况下无法完成的目标。邱梦华（2008）认为，"农民合作"是指农民为了解决在生产、生活中碰到的仅靠一家一户无法解决的问题和困难，与其他农民相互配合、协调行动，以实现一种既有利于自己又有利于他人的社会互动过程。在此基础上，她从形式上将农民合作分为两类：社会交换网络式合作；集体行动式合作。[①] 宋圭武（2005）、管爱华（2004）把合作分为传统合作、现代合作。[②] 肖赞军、柳思维（2007）把合作分为非正规劳动合作和正规劳动合作。[③] 何宏光（2008）则根据合作的基础不同将合作分为外生型合作和内生型合作，前者指的是"主要通过外部压力将分散的个体纳入一定的组织体系中而强制人们合作"；后者指的是"以市场为基础的资源合作和以地域为基础的自治性合作"。[④]

尽管表述不一，但学者们都认为合作可以分为建立在血缘关系基础上的传统合作和建立在契约基础上的现代合作，并认为中国农民合作建设的任务、趋势是完成从传统合作向符合社会化大生产的现代合作形式转变。

---

① 邱梦华. 中国农民合作的研究述评——兼论农民合作的定义与分类 [J]. 调研世界，2008（8）：21－25.

② 宋圭武. 合作与中国农民合作 [J]. 调研世界，2005（2）：16－18.

③ 肖赞军，柳思维. 中国农村非正规劳动合作的演进——基于一个贫困县的实证研究 [J]. 经济学家，2007（1）：59－66.

④ 何宏光：非集体性合作：安徽凤阳县农民互动研究 [D]. 南京大学社会系，2008.

2.2.1.3 合作制与合作化

马克思主义认为，合作制就是生产者联合劳动的制度，要以这种制度代替资本主义雇用劳动制度。可见，合作制是一种社会经济制度。合作制有狭义和广义之分。狭义的合作制，是一种介于小生产和大生产之间的过渡经济形式，无论在生产资料的占有方式和产品的分配方式上，还是在劳动的方式和经营的方式上，它都没有一个固定的模式，而是具有较大的灵活性，参加合作经济组织的成员在一定程度上具有相对的独立性；狭义的合作制往往表现为一种次要的经济形式，附属于占统治地位的经济形式。广义的合作制是同小生产相对立的大生产，由独立劳动结合而成的联合劳动。这种经济形式，不为某一种社会经济形态所独有，也不为哪一种社会经济部门所垄断，而是一种在经济发展到一定阶段时带有普遍性的经济形式或发展趋势。①

马克思曾指出改造小农的途径是合作化。在已实现农业现代化的资本主义国家，农民合作组织是农业家庭经济市场化不可替代的组织载体和有效推动器。如美国有各种合作社 25000 个，参加合作社的农民有 440 万人，约占农业人口的90%。合作社销售的农产品占总销售量的 1/3，为农场提供的各种投入物也接近1/3。② 在法国有 1 万个共同使用设备合作社，其成员有 20 万人。③ 在小规模家庭经营基础上实现农业现代化的日本，一个重要经验是利用了由中央、都到府和市町村三级组成的合作社会网络体系，几乎所有的农户都是农协成员。

农业产业化实际上就是一种合作形式，但产业化不能囊括所有的合作，解决我国农业经营面临的多种问题，除产业化的合作外，还需要进一步发展其他的各种形式的合作组织，依托合作社这样的自由联合体组织来组织农户发展商品生产、加工、运输，共同进入大市场。组织起来的农户既有动力搜集市场信息，增加了谈判能力，可以实现农产品增值。农业合作社组织以广大农民为后盾和集中的财产为基础，代表农户与其他利益主体进行谈判，以提高农民的社会经济地位。农户以合作社为中介和依托，参与国内国际市场竞争，谋求社会各界的理解和支持，从而大大提高农户经营的制度效率。

中国农户作为我国目前和未来农业的经营主体，虽然提高了资源配置效率，但分散的农户经营也遇到了搜寻信息成本高、进入市场难、不能有效地维护自身利益等市场效率低的问题。特别是在主要农产品由长期短缺到大体平衡的过程

---

① 什么是合作制. 吉林农民专业合作社网，2011 – 02 – 11.
② 盖尔·克拉克等. 农业经济学与农业企业 [M]. 中国社会科学出版社，1994：32.
③ 徐更生. 国外农村合作组织 [M]. 北京：经济科学出版社，1987：65.

中，农户经营的风险性和不确定性将进一步加大。如何最大限度地提高农户经营的市场交易效率，提高农民的收入是当前和今后农业进一步发展的迫切需要，在我们这么一个人口众多、人均土地资源极其有限的发展中国家，要扶植农民发展、解决温饱、实现富裕，必须进行农业组织与制度的创新，探索出一条在稳定农户经营的基础上顺应分工协作社会化的道路，加强农民的联合，建立合作组织，发展合作经济。同时，在充分利用家庭分散经营适合农业生产的优势的前提下，形成聚合规模经济，实现"鼓励农民对一个共同的购销加上网络的利用，却又不会像集体经济那样损害生产的效率"。①

2.2.1.4 合作社与合作组织

合作社起源于 19 世纪中叶。1844 年 12 月 24 日，英国曼彻斯特北部罗奇戴尔镇"罗奇戴尔公平先锋社"（roehdale society of euqitbale pinoeesr）成立，标志着世界上第一个合作社诞生，此后各合作社作为一种理念，一种思潮，相伴而行，相互作用，相互呼应，经历 160 多年连绵不断的发展，成为一种运动席卷全球。

合作社的定义有很多。讨论定义、分类等必须以研究国际合作经济运动作为逻辑基点和历史起点。在国际合作经济界，有 cooperatives，farmer cooperatives，agricultural cooperatives，rural cooperatives 和 cooperatives organizations 等不同称谓。在中国，cooperative，cooperative society，cooperative group 等都可译为合作社。加拿大合作经济学者赖罗说，合作社是一群人在一般共识下依民主与自助原则而结合在一起共同行动，以满足所有社员和社会的需要；法国合作运动活动家霍魁认为合作社是人的结合体，而不是资本的非人结合体（牛若峰等，2000）。中国学者杨坚白等（1998）把合作社定义为，在商品经济发展到一定阶段之后，独立生产者和普通消费者为适应经济生活的高度社会化和追求社会进步，在自愿、民主、平等、互利的基础上，以某种共同拥有的要素为纽带，在经济活动的某一过程或某一环节所建立的社会经济组织，它是劳动群众自己的劳动集体经济组织。徐更生（2000）则认为，合作社是指为互利目的而共同拥有和经营的企业。这些定义中最为概括的说法："合作社是劳动者实现共同目的的联合自助组织，是弱者的劳动联合体，而非资本的联合体"（牛若峰等，2000）。对合作社最权威的定义当属 1995 年国际合作社联盟在英国曼彻斯特举行的国际合作社联盟成立 100 周年代表大会通过的《关于合作社定义、价值和原则》的说明："合作社是由自愿联合的人们，通过其联合拥有和民主控制的企业，满足他们共同的经济、

---

① 周兆生. 流通型农业合作社的交易效率分析 [J]. 中国农村观察，1999（3）：23 – 27.

社会和文化需要及理想的自治联合体。"第 90 届国际劳工大会 2002 年 6 月 20 日通过的《国际劳工组织大会合作社促进建议书》中，国际劳工组织给合作社重新明确定义：合作社是自愿联合起来的人们通过联合所有民主控制的企业来满足他们共同的经济、社会与文化的需求与抱负的自治联合体。

根据目前农民各类合作社发展的特点，结合国际惯例，按照合作社所从事的主要经济活动、业务领域等，可将农民合作社分为农业生产合作社、农产品营销合作社、农业供应合作社、农业服务合作社和农村金融合作社五种类型。[①] 一是农业生产合作社，即从事种植、采集、养殖、渔猎、牧养、加工等生产活动的各类合作社，是社员共同开展农产品加工等全部或一部分生产经营活动的合作社。二是农产品营销合作社，即合作社以市场为导向，帮助农户提高进入市场的能力，并且以一种更为实用的方式来处理农产品销售问题，以满足其生产上各种需要的合作社，是当前世界上较为流行的一种合作组织。农产品营销合作社的核心是帮助社员销售他们自己生产的产品，并尽可能地使社员获得最大收益。根据合作社为社员销售产品的方式，各国营销合作社可分为三种交易方式：第一种是收买运销制；第二种是委托运销制；第三种是联合运销制。三是农业供应合作社，即向农业生产者社员提供生产中所需要的各种投入品，如种子、种禽种畜、化肥、农药、饲料、农膜以及其他生产资料等的合作社，农业供应合作社通过外购批发或自我生产、制造、加工各种投资品，最终零售给社员。其基本功能是：降低了社员的生产成本、提高了社员的生产技术水平。四是农业服务合作社，即通过各种劳务、服务等方式，提供给社员生产生活一定便利条件的合作社。从各国农业服务合作社的发展来看，为农民提供生产服务的合作社业务范围非常广泛，如公共利用农业机械、仓储设施、种畜、水利设施，共同开展人工授精、品种改良、土壤测试、病虫害防治，以及电气设施建设等。[②] 目前在我国服务型农业合作社发展中，较为典型的有三类服务合作社：第一类是农业机械共同使用合作社，它主要是产生在机械化程度高、人均耕地相对较多或劳动力短缺的平原地区；第二类是农田水利设施共同建设合作社；第三类是以技术交流、技术推广为核心的农业技术服务合作社，此类合作社无论在数量上还是在成员规模上都占据绝对优势地位，是最外围普遍的农业服务合作社。五是农村金融合作社。即接受社员存款贷款给社员的合作社，如农村信用合作社、城市信用合作社等。农村金融合作社是农村

① 在我国，关于农民合作社的现行分类大多采取了按照领办人（如乡镇政府、村组织、农民、农技推广及服务部门、科协、龙头企业、供销社、国际组织）来划分的做法。这种分法客观地反映了我国目前合作社产生途径多元化、复杂化的现状，并且对于分析合作社内部的产权制度、治理结构，以及与政府、社区组织的关系等是一种有效的选择。

② 伊树生. 合作经济概论 [M]. 台北：三民书店，1983.

金融机构的重要组成部分，为农村的经济发展和建设提供必要的资金支持。

在我国，农民合作经济组织一般是指农民在自愿参加的基础上，以农户经营为基础，以某一产业或产品为纽带，以增加农户收入为目的，实行的资金、技术、生产、购销、加工等互助的合作经济组织。农民合作经济组织是小规模农户应对大市场的必由之路，是农民保护自身利益的有效途径。农民合作经济组织是近年来农民自发组建的一种崭新的农业经营组织形式，是社会主义市场经济条件下，在坚持土地家庭承包责任制的基础上，农业生产经营管理体制改革的探索和创新。农民通过合作经济组织实现了小生产与大市场的有效对接，增加了农民收入，提高了农业抵御市场风险的能力，不仅提高了农民的组织化程度，推进了农业产业化的发展，增加了农民收入，而且对增强农业综合生产能力，促进农业发展方式的转变发挥了重要作用。贵州农民合作经济组织起步于20世纪90年代后期，起初基本上是农民自发的行动或者带有官办的色彩，发展较慢。近年来，随着农业结构的调整和农业产业化经营发展步伐加快，加之各级各部门的关注和支持，农民合作经济组织发展的数量急剧增加，规模不断扩大，涉及的行业和领域日益宽广，农民合作经济组织呈现出良好的发展态势。

当前学术界对于农民合作经济组织存在三种不同含义的理解：一是最广义的理解，农民合作经济组织包括各种类型的农民专业合作社、农民专业协会、乡镇村集体经济组织、农村股份合作制企业以及供销合作社和信用合作社；二是比较广义的理解，农民合作经济组织包括各种类型的农民专业合作社、农民专业协会、乡镇村集体经济组织、农村股份合作制企业；三是狭义的理解，农民合作经济组织主要指农民专业合作经济组织，即农民专业合作社和农民专业协会。在2006年10月31日中华人民共和国第十届全国人民代表大会常务委员会第二十四次会议通过的《中华人民共和国农民专业合作社法》（以下简称《合作社法》2007年7月1日起施行），其中"农民专业合作组织"被定义为"在农村家庭承包经营基础上，同类农产品的生产经营者或者同类农业生产经营服务的提供者、利用者，自愿联合、民主管理的互助性经济组织"。这个定义强调：首先，保障农民个体的土地生产经营权；其次，合作社是专业的农产品生产经营组织；再其次，合作社的主体是农产品生产者和相关者；最后，合作是自愿的、互助的，管理是民主的。

至于我国农民合作经济组织的分类，更是根据不同的标准有多种分类方法。例如，根据合作经济组织的功能，可把农民合作经济组织分为生产型、采购型、销售型、加工型、服务型、综合型六种基本类型；根据合作经济组织创办者与政府的关系，可把农民合作经济组织分为自办型、官办型以及官民结合型三种基本类型；根据专业合作经济组织的创办者的身份不同，可把农民合作经济组织分为能人牵头型、龙头企业带动型、政府发起型等类型；农业部则"按照农民合作的紧密程度"，将农民合作经济组织分为专业合作社、股份合作社和专业协会三种基本类型。

由此看见，农民合作经济组织形式呈现多样化。有合作制、股份制、股份合作制；有以销售产品找市场为主要目标的合作组织，也有以提供技术指导与服务为主要目标的合作组织；有称农民专业合作社的，也有称专业协会的。农民专业合作社是农民合作经济组织中的一个主要组织形态。

中国农村改革三十多年来，农民合作社经历了曲折的发展历程，特别是近年来形势发生了较大的变化。党的十六大报告中指出，要提高农民进入市场化的程度；中共十六届三中全会提出："支持农民按照自愿、平等的原则，发展各种形式的农村合作组织"。中国中央、国务院颁发的2004年"一号文件"在促进农民专业合作社发展方面，又提出了一系列具体措施。《合作社法》第二条规定："农民专业合作社是在农村家庭承包经营基础上，同类农产品的生产经营者或者同类农业生产经营服务的提供者、利用者，自愿联合、民主管理的互助性经济组织。"农民专业合作社以其成员为主要服务对象，提供农业生产资料的购买，农产品的销售、加工、运输、贮藏以及与农业生产经营有关的技术、信息等服务。从此，中国农民的合作社第一次有了合法的身份，正式走上了历史舞台。2008年10月，中共十七届三中全会又着重提出，要"按照服务农民、进退自由、权利平等、管理民主的要求，扶持农民专业合作社加快发展，使之成为引领农民参与国内外市场竞争的现代农业经营组织"。可以说，中国农民合作社的发展进入新阶段。

我们认为我国农民专业合作经济组织的类型主要分为两大类：一类是专业合作社；另一类是专业协会。从一定意义上讲，它们都可归为合作社范畴，而农业部所说的"专业合作社"实际上是比较传统的合作社，股份合作社只是一种相对偏于股份制的专业合作社。专业协会实际上是农产品行业协会，其职能主要是行业内部的组织、协调、服务和监督，也即"行业自主协调"，属于社团性质；还有一部分仅仅进行一些信息交流、科技传播等非经营性活动，也属于民间社团；而大多数则是基本或初步具备合作社本质规定性。本书阐述的有关农民合作的意愿、制约因素以及合作路径等，主要是指加入农民合作社的合作问题，而非其他合作经济组织。

2.2.2 中国农户合作的历史沿革

2.2.2.1 传统社会农户合作

一是邻里互助。邻里互助是新中国成立之前，农村在缺乏国家政策引导下，农民之间相互进行的合作。邻里互助是最基本的、原始的互助方式，在早期可能表现为邻里之间交换一些剩余产品来满足自己的需求，也表现为农民之间在农忙时，拥有较多劳动力的家庭对劳动力较少家庭的援助。① 在市场化水平较低的时期，以邻里互助为特征的合作是农村中由来已久的、普遍的劳动合作方式，与传统的生产力发展水平相联系，主要是劳动的联合，有时也涉及资本的合作。② 邻里互助的形式有很多种，最基本的是生产互助和生活互助。在生产上农民通过合作可以共享生产资料，如种子的交换、耕牛的饲养、生产工具的共享等。在生活上对比较困难的家庭会给予帮助，特别是农村的五保户和孤寡老人实现集体供养。此外，在资金上，主要是指农户私下的资金借贷，这种最古老的金融活动在农村比较普遍，规模较大。其特点是灵活、方便、数额较小，而范围较广、期限短，一般集中在生产旺季或收购旺季流动资金需求量增大时，或生产生活中发生大的变故时，借贷对象主要是往来密切，相互比较信任的亲戚朋友。③

二是宗族组织的合作。新中国成立之前，村庄大多是以姓氏和血缘关系为纽带建立起来的。亲密的血亲关系，使当地的村民合作默契更为严密，村民之间的合作除生产合作外还包括建立起一个比较规范的长幼秩序来维持宗族的存在，这些合作包括整理族谱、修缮墓地、举行祭祀仪式等活动。宗族组织的合作主要是通过合作来加强本组织内成员对宗族的凝聚力和认同感、对成员的道德及伦理教育，宗族组织在农村具有非常重要的地位，对农村居民的行为和意识都有很大的影响力。宗族组织还具有较强的排他性，"非我同族、其心必异"，宗族组织是不欢迎异姓的，也不接受异姓的加入，有时甚至和别的宗族组织之间形成对立。宗族组织通过本组织内较强的互助合作关系来保护本组织成员来面对生活和生产风险，在早期经济不发达的农村社会是显得非常有必要的，这种组织为农民在心理上和实际生活中找到了一种依靠。④

2.2.2.2　新中国成立后至改革开放前农户合作

（1）农户个体家庭经营（1949～1950 年）。土地改革前，中国不到农村人口10% 的地主和富农占有农村 70% ～80% 的土地，而占农村人口 90% 以上的农民仅占 20% ～30% 的土地。1950 年 6 月《中华人民共和国土地改革法》颁布，历时三年，全国广大新解放区的土地改革顺利完成，使农民分得了 7 亿亩土地，消灭了地主土地私有制，实现了从地主所有制到"耕者有其田"的农民土地所有制

---

① ④　康敏. 新农村建设背景下农民合作类型探析——以安徽省五星村为例 ［D］. 安徽大学，2010：
19 - 23.

② ③　李佳. 农民经济合作的行为逻辑与动力机制 ［M］. 北京：经济科学出版社，2012：36 - 38.

的强制性制度变迁，农民成为土地的主人，极大地释放农民的种田积极性，农民的土地私有制成为农村经济的基础，形成了农民个人所有的家庭经营模式。由于生产资料与所有者的结合，经营者与所有者的统一，目标函数与利益偏好高度一致，农户的积极性得以充分发挥，农村经济发展加快，农民生活显著改善。在东北地区，70%的农民生产的粮食增多，牲畜、大车衣物、房子均有增加。

这一时期的农户合作类似于传统社会中邻里间的互助（合作），是在生产资料所有制不变的情况下的简单合作，具有偶然性和不确定性，并且合作的范围狭小、合作的深度很低。

（2）20 世纪 50 年代初期的互助组（1950 ~ 1952 年）。在农户个体家庭经营状况下，由于农户的土地所有权和经营权高度统一，当时生产力落后，分散的个体经营状态，力量非常薄弱，制约着农业生产的进一步发展。另外，有一些农户缺乏劳动力，缺乏牲畜和农具，致使很大一部分农户难以维持简单的再生产，扩大规模再生产和采用先进的生产工具和生产技术更难进行。特别是分散经营又难以抵御自然灾害。广大农民为了克服个体农业的极端分散性和经济力量薄弱的状况，改善生产条件，增强抗灾能力，纷纷自发地组织起来，在农业生产中实行生产互助。1951 年 9 月 9 日，中共中央召开第一次农业互助合作会议，通过了《中共中央关于农业生产互助合作的决议（草案）》，并于 12 月发给各级党委试行。这个决议在分析土地改革后个体农民既有个体经济、又有互助合作两个积极性的基础上，提出要在不挫伤个体经济积极性的前提下提倡组织起来。决议提出了农业生产互助合作的三种形式：临时互助组、常年互助组、半社会主义性质的初级农业生产合作社。据统计，到 1952 年年底，全国互助组发展到 802.6万个，参加农户 4536.4 万人，占农合总数的 39.9%，其中，农业生产合作社只占到 1% 。①

农户是在没有改变土地所有权的基础上进行的合作，但以土地入股的方式使土地的经营权归到农业生产合作社统一行使。根据入股土地的数量和质量，以分红的方式给予报酬。这一时期土地产权的特点是农民拥有土地的处分权，可以退股。合作社对集体土地进行统一的规划和管理，在一定程度上有利于规模经济的实现，但是激励问题凸显初级农业合作化推动了农村土地制度的再一次变革，土地由农民所有、农民经营转变为农民所有、集体经营。这次变革是在不改变土地私有制基础上的土地使用制度变革，它使农村土地制度具有了半社会主义的性质。②

---

① 林蕴晖，顾训中. 人民公社狂想曲 [M]. 郑州：河南人民出版社，1995：81 - 82.
② 陈海秋. 建国以来农村土地制度的历史变迁 [J]. 太湖论丛，2002（4）.

　　由此可见，这一时期的农户合作特征表现为，互助组具有某些社会主义因素的劳动经济组织，是在"耕者有其田"的土地制度的基础上，根据群众的意愿自发组织起来的。它是以个体经济为基础，有临时性互助组和常年互助组之分，其特点是土地私有，个人经营，按等价交换原则实行联合劳动和共同使用生产资料。据统计，到 1952 年年底，有各种形式的农业互助合作组织约 803.4 万个，参加的户数达 4542 万户。其中以土地入股为特点的农业生产合作社有 4000 个，参加的农户有 5.7 万户。

　　（3）20 世纪 50 年代中期的初级社（1953~1956 年）。初级社是半社会主义性质的劳动经济组织，其特点是农民将土地等主要生产资料作股入社，由合作社实行统一经营，经营权与农户初步分离，劳动报酬实行按劳分配。1955 年 7 月毛泽东《关于农业合作化问题》的报告全面阐述了我国农业社会主义改造的问题，号召全党必须相信：广大农民是愿意在党的领导下逐步走上社会主义道路的；党是能够领导农民走上社会主义道路的。报告认为"在全国农村中，新的社会主义群众运动的高潮就要到来"，对农业合作化运动要全面规划，加强领导。1955 年下半年出现了农业合作化高潮；同时也出现了要求过高，工作过粗，改变过快，形式也过于单一的问题。1956 年出版的《中国农村的社会主义高潮》一书，毛泽东明确了合作社规模扩大的观点，认为"社越大，优越性越大"，"小社人少地少资金少，不能进行大规模的经营，不能使用机器，应当逐步合并。"[1] 1956 年 3 月通过的《农业生产合作社示范章程》，标志着全国基本实现了初级合作化。

　　这一阶段农户合作的特征为：生产资料全部归集体所有。入社的农民把私有土地、耕畜、大型农具等生产资料转为合作社集体所有，完全按分工制原则进行分配。合作社全年收入的实物和现金，实行绝对平均的分配主义。[2]

　　（4）20 世纪 50 年代中后期高级农业合作社和人民公社化时期（1956~1978 年）。高级农业生产合作社（简称"高级社"），以主要生产资料集体所有制为基础的农民合作的经济组织。其特点是生产资料为合作社公有，劳动报酬实行按劳分配原则。农民私有的土地、耕畜、大型农具等主要生产资料转为合作社集体所有，其基本单位是生产队。到 1956 年年底，全国入社农户占农户总数的 91.9%，其中参加高级社的农户占农户总数的 87.8%。当时的一个基本判断是我国农业的社会主义改造在全国范围内已基本完成。生产资料实行过单一的公社所有制，在分配上实行过工资制和供给制相结合，并取消了自留地，压缩了社员家庭副业，

　　① 中共中央办公厅编. 中国农村的社会主义高潮［M］. 北京：人民出版社，1956：390-430.
　　② 李佳. 农民经济合作的行为逻辑与动力机制［M］. 北京：经济科学出版社，2012：36-38.

挫伤了农民的生产积极性，影响了农村生产力的发展。

1958 年 8 月 29 日，中共中央政治局在北戴河会议上，做出关于在农村建立人民公社问题的决议，要求全国各地尽快地将小社并大社，转为人民公社，进入人民公社，实行"一大二公三纯四平均"和"政社合一"。"大"指的是人民公社规模大，人民公社的规模越大越好，公社的平均规模为 5000 多户，有的达到万户以上；"公"指的是公有化程度高，公有化的程度越高越好；"纯"指所有制纯公有，社会主义的经济成分越纯越好，高级社的生产资料全部公有，甚至社员的私有生产资料也转归公社所有；"平均"指的平均分配，平均分配越妥当越好。

"政社合一"是指人民公社经济组织和农村基层政权组织为一体，实现了国家行政权力和乡村社会的经济组织的一体化，国家通过这一组织把权力延伸至乡村社会最偏僻的角落和领域，对农村传统宗族社会的结构达到空前。1958 年 9 月 10 日，《人民日报》发表《先把人民公社的架子搭起来》的社论。此后，只用了一个多月的时间，全国农村基本上实现公社化。人民公社实践已经不是合作的一种形态了，是产权公有制的一种安排。周其仁认为，它既不是一种"共有的、合作的私有产权"，也不是一种纯粹的国家所有权。另外，由国家控制但由集团来承受其控制结果的一种社会主义制度安排。① 1962 年以后，绝大多数人民公社实行了"三级所有，队为基础"的制度，恢复和扩大了自留地和家庭副业。但仍存在着管理过分集中、经营方式过于单一和分配上的平均主义等缺点。

由此可见，1949 年后传统时期的农民合作逐渐被官方合作体系所取代。在国家的强制力量的作用下，农民在生产领域展开"合作"。虽然现在来看，那个时期的"合作"异化了合作，即严重背离了合作的本意。1953 年国家实行社会主义改造，首先在农业方面进行，这种改造在当时中国具有十分重要的意义，1949 年的中国农村小农经济发展十分落后，农业生产十分分散，规模小科技落后，这样的农业严重不能满足当时人口急剧增长的需求，也不能满足国家工业化和国家经济重建对原材料的需求。国家在农业方面的改造主要包括：农民遵循自愿互利、典型示范和国家帮助的原则，以互助合作的优越性吸引农民走互助合作道路，同时坚持积极引导稳步前进的方针首先建立农业互助组，然后建立初级合作社，在初级的基础上再建立比较高级的农业合作社。这种合作社能够很好地积聚生产资料，对经受过长期战争破坏的农业在短期内恢复生产具有非常重要的意义，但是这种合作方式虽然是建立在农民自愿的基础上的，对农民限制比较多，不能发挥农民的自主性和积极性，长期下去必然会遏制农民生产的动力。社会主

---

① 周其仁. 产权制度变迁 [M]. 北京：北京大学出版社，2004：8.

义改造打破了农民之间原先松散随意的合作，也是宗族合作土崩瓦解，使农民之间的合作走上了制度化和规范化的道路。

2.2.2.3　改革开放以来农户合作

合作化经营模式和人民公社经营模式陷入了"一大二公"的组织低效率之中，致使中国的经济几乎走到了崩溃的边缘。1978 年，安徽凤阳小岗村 18 位农民发起的非正式农业制度变迁，一举废除了长达 20 年的人民公社，突破了"一大二公""大锅饭"的旧体制，重新确立了家庭经营的主体地位，促进了我国农村经济组织由人民公社向农户的家庭经营的变迁，调动了广大农民的积极性，解放了农村生产力，促进了农村经济的发展，开创了我国农业发展史上的第二个黄金时代。这一时期集中体现在我国农村实行的两项重要改革：家庭联产承包责任制和农产品流通体制的改革。通过这两项改革，农户作为基本的生产经营单位的地位得到确认，农产品价格逐步放开，从而大大激发了微观经济主体的生产积极性。但随着市场经济的发展，凸显了一些新的矛盾：家庭的小规模生产无法适应日益扩大的农产品市场化发展的需要，"小生产"和"大市场"之间缺乏有效的交易协调机制。在这一背景下，农民合作重新兴起，与之前的农民合作相比，重新兴起的农民合作在发育动因、组织制度、运行模式、利益机制等方面都有本质的区别，可以说，市场催生了创新形式的农民合作。

这一时期农民合作适应市场化和产业化的发展要求，以某一产品或产业为合作的基础，这种形式的农民合作有横向一体化和纵向一体化的合作，横向一体化合作，就是相同生产环节农民之间的合作，目的是为了增强市场谈判能力纵向一体化的合作，是指产业上下游主体之间的合作，如生产资料供应商和农业生产者的合作、农业生产者与营销商之间的合作等。① 这一时期的农户合作模式逐渐呈现多样化。

（1）邻里互助的合作方式。中共十一届三中全会的召开肯定了安徽小岗村的做法，在农村实行家庭联产承包责任制，使新中国成立后的生产合作社和人民公社的集体劳动一去不复返，农民之间的合作又以新的方式结合起来，邻里互助这种最简单最有效的合作方式在农村有着深厚的土壤，它的非正式性及随时性倍受农民欢迎，也是农村互助合作的最基本方式。随着社会转型的开始，城乡二元结构的解体，更多的农民脱离了赖以生存的土地纷纷走向城市寻找新的谋生手段。而面对复杂而又陌生的城市，单个农民外出闯荡的风险是很大的，因此，村民结伙出去打工，通常是村里几个人带头在外地找到了赚钱的路子，回来带动其他人

① 黄祖辉. 中国农民合作组织发展的若干理论与实践问题 [J]. 中国农村经济，2008（11）.

一起出去。这样久而久之就形成了固定了打工渠道，这种合作不仅使部分带头人获得村里的"能人"称号，获得大家的尊重，同时也为村里带来了实实在在的经济收入。

（2）"公司＋农户"合作经营模式。20 世纪 80 年代初期以后，我国东南沿海地区，在市场化进程中打破农业经营的非专业化陷阱，走上了一条农业专业化的道路，这就是中国农业产业化的兴起与发展。20 世纪 80 年代初期，泰国正大集团率先来我国投资，创办畜、禽、水产饲料生产和销售合资公司。为保证原料供给和产品销售，他们同当地农民签订农产品（原料）收购合同，农户则按照合同（契约）组织生产。这就是最初的"公司＋农户"经营模式。1983 年，广州市江高镇江村养鸡场依靠技术培育出优质的"江村黄鸡"。之后，向农户提供种苗、饲料、技术等产前、产中及产后的收购服务，并形成"公司＋基地＋农户"的产业化模式，即"江高模式"。① 这是改革开放之后我国最早出现的龙头企业与农户之间通过契约方式联结的组织形式，这种方式大大降低了农户专业化经营的市场交易费用、风险和不确定性，促进了区域性农业生产专业化。

为解决在市场经济条件下，分散经营的小农户与大市场的衔接问题，以及农户经营规模偏小与农业专业化、规模化发展的矛盾，1987 年，山东省诸城市提出了"商品经济大合唱"及"贸工农一体化"的发展思路，得到山东省委的肯定并在全国推广。到 20 世纪 90 年代初期，诸城市实行的以龙头企业带动农户的贸工农一体化的实践，得到广大群众和基层干部的承认。随后，山东寿光市又积极探索出了以市场带农户的产加销一体化经营模式。1993 年，山东省潍坊市率先提出"确立主导产业，实行区域布局，依靠龙头带动，发展规模经营"的农业发展战略。同年 4 月，山东省农委组成专门调查组，对潍坊及其所辖县市的农业产业化经营情况进行调查，随后向省委、省政府提交了《关于按产业化组织发展农业的初步设想与建议》的报告，这是国内最早正式提出农业产业化的概念。农业产业化经营的兴起和发展，"是继家庭承包责任制和乡镇企业'异军突起'之后的又一伟大创举"。② 农业产业在全国的推广实施始于 1995 年。1995 年 3 月，《农民日报》发表了《产业化是农村改革与发展的方向》一文，并提出"产业化是农村改革与发展的方向""产业化是农村改革自家庭联产承包责任制以来又一次飞跃"。同年 12 月 11 日，《人民日报》在报道山东潍坊经验的同时，配发了《论农业产业化》的社论，社论把农业产业化概括为："它是以国内外市场为导

---

① 徐忠爱：公司和农户契约选择与履约机制研究 [M]. 北京：中国社会科学出版社，2006.
② 牛若峰. 农业产业一体化经营的理论与实践 [M]. 北京：中国农业科技出版社，1998.

向、以提高经济效益为中心，对当地农业的支柱产业和主导产品实行区域化布局、专业化生产、一体化经营、社会化服务、企业化管理，把产供销、贸工农、经科教紧密结合起来，形成一体化经营体制。"至此，农业产业化的思想在全国广泛传播，引起广大实际工作者和理论界的广泛关注，并得到中央决策者和农业部的充分肯定。

作为农业产业化的主导形式的"公司＋农户"组织，是以公司或集团企业为主导，以农产品加工、运销企业为龙头，重点围绕一种或几种产品的生产、销售，与生产基地和农户实行有机的联合，进行一体化经营，形成"风险公担，利益共享"的经济体。"公司＋农户"组织发展的主要特点是，龙头企业与农产品生产基地和农户结成紧密的贸工农一体化生产体系，其最主要和最普遍的联结方式是合同契约。这种组织通过市场牵龙头，龙头带农户，形成产加销一条龙、农工商一体化，结成利益共同体。推动"公司＋农户"组织的蓬勃发展的基础，在于交易费用节约，公司与农户之间建立合理的利益分配机制。克服了传统的分散农户规模小、技术水平低、经营风险大而不稳定等诸多缺陷。众多实践和理论研究均表明，"公司＋农户"产业化经营组织有利于解决小生产与大市场的矛盾、有利于促进农村产业结构的调整、有利于降低交易费用、有利于提高农业抵御自然风险和市场风险的能力。

在"公司＋农户"的模式下，农民出土地，公司出资金，公司直接与数量众多的农户签订该种农产品的购买合同，规定产品的数量、质量、交售方式以及价格，收益按比例分成；有的龙头企业还向农户提供技术、物资、服务，收取一定管理费的合作形式。农户则按照契约规定生产某种品种、产量的农副产品；双方的权利义务关系完全由契约界定。这样的制度安排的优势非常显著：一是连接了农户与市场的关系，解决了多年存在的"卖难"问题；二是种养业的规模有了一定程度的扩大；三是有利于先进技术和机械化的推广；四是农户在闯市场中经受了锻炼，增强了市场经济意识。[①] 然而，"公司＋农户"模式也相继暴露出一些问题：拉动农户扩大经营规模的效应受到一定程度的限制；公司与农户在履行合同中发生大量违约事件，挫伤了各自的积极性，给双方造成了一定的经济损失，因而减弱了这一模式的效应；由于土地不能流动，致使农户土地经营规模扩大受到一定程度的限制。[②]

（3）以"公司＋农户"合作模式为主体的多种合作模式。李佳（2012）《农民经济合作的行为逻辑与动力机制》一书中给出了当前农民经济合作的主要类型及其组织载体见图 2－1。

---

①②　耿玉春. 我国农业生产经营模式的演变及今后的选择［J］. 山西师大学报（社会科学版），2008（4）.

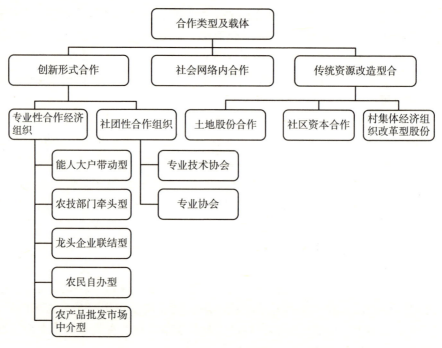

图2-1 农村经济合作的类型及组织载体

第一，"合作社＋农户"组织模式。"公司＋农户"在一定程度上解决了小农户进入大市场的交易成本过高问题，保障了农民的权益，但并未达到"风险共担，利益共享"的联合初衷。而以农民专业合作组织为依托，带动农户从事专业化生产，实现生产、加工、销售有机结合的"合作社＋农户"组织形式，在一定程度上弥补了上述模式的缺陷，成为农民喜欢一种运行模式。"合作社＋农户"的优势在于：通过合作机制，在不改变农户家庭经营这个微观基础的前提下，一定程度上解决了小规模农户经营与社会化大市场之间的矛盾，为农户提供了以较低的成本和快捷的方式与市场对接的途径，为促进山地农业发展中农民的合作奠立了良好的基础。"合作社＋农户"的特点是经营方式灵活，规模较小，数量多，组织形式简单，组织水平低。"合作社＋农户"模式适合贵州山地农业发展，为贵州省主要的典型模式。它以地缘或产缘关系为联系纽带，带动区域农户围绕某一产品进行专业种养，引导农户进行某些业务的专业化经营，通过集中运输，集中销售，组织产品批量生产或与加工企业交易，实现交易费用成本的节约获取利益增加。贵州省大量的生产合作社属于这种类型，如瓮安雍阳镇云星蔬菜协会、盘县马依镇坪地村养牛协会、安顺市西秀区七眼桥镇大寨村养殖协会、惠水县好花红乡辉岩村果树协会等。

第二，"龙头公司＋合作社（中介组织或大户）＋农户"组织模式。"龙头公司＋合作社（大户或中介组织）＋农户"模式是在农户合过程中逐渐从"公司＋农户"演进而来的，在其演变过程中，一般是公司或者当地政府或者两者共同帮助当地签约农户，组织农民合作社组织或协会，合作社成立后，公司就只与合作社或者协会签约，合作社或者协会代表农户与公司签约后再与农户签约，这样一来，合作社或者协会充当了公司与农户的中间人。这种组织模式在一定程度上克服了单纯"龙头企业＋农户"和合作社组织的不足，同时还融合了两者的优点，放大了组织的优势。这些"中间层"的嵌入，在一定程度上使合作社或者大户能够对龙头企业和农户的机会主义行为进行监督和约束，从而弥补了"龙头企业＋农户"的组织缺陷，降低了内生交易费用，节约了签约、执行和监督契约的成本。湖北来凤县围绕林果、药材、农技服务、生猪、水产、家禽、蔬菜、柑橘等主导产业和优势资源，依托龙头企业领办合作社，充分发挥龙头企业产品销售、加工的优势，较好地解决龙头企业与农户间的利益联结，有效地实现企业和农户的"双赢"。同时，有效解决了以往农业产业化经营组织化程度低、中介组织薄弱、政府职能部门服务有限、防范市场风险能力差、特色农业产品进入流通领域难、市场经济竞争力弱等一系列难题。

第三，"合作社＋专业市场＋农户"组织模式。"合作社＋专业市场＋农户"模式是联结农户与市场的一种具体直接的有效形式。"合作社＋专业市场＋农户"模式对于充分依赖信息并需要提供交易场所及时交易的农产品具有重要作用和影响。例如，一些不易储藏、易腐变质的水果蔬菜等鲜活农产品，通过这一模式能够很好解决储存、运输和保鲜等问题。在农村信息化程度不高的情况下，通过批发市场和客户建立购销关系，经专业市场的初次集中，发挥专业市场的集散功能、价格发现功能、信息聚集和服务功能，提高农产品的流通效率，让社员分享到流通环节的利润。贵州省"合作社＋专业市场＋农户"模式代表性的如大用镇毛坡大蒜协会、丹寨县大坪蔬菜专业合作社、五里桥蔬菜专业合作社等与贵阳五里冲批发市场（省级）结合；桐梓县娄山果蔬专业合作社与重庆西南果菜批发市场联合；纳雍县过路沟村蔬菜基地专业合作社与成都龙泉果蔬批发市场以订单方式结合等。

第四，其他合作组织模式。大户发起的农民协会。以一种农产品为纽带，以种植大户为发起人，成立股份合作制的农村专业技术协会，实现劳动者的劳动联合和劳动者的资本联合。早在 2003 年贵州省遵义县成立了辣椒营销协会，该协会由具有服务辣椒产业化能力，积极参与辣椒生产、销售、加工等领域的单位、联合体和个人组成协会，具有独立法人资格。协会以做大做强辣椒产业为目际，以抓技术、搞培训、强服务为重点，充分发挥桥梁纽带作用，内引外联，有力地促进了遵义县辣椒产业快速、健康发展。辣椒营销协会大力发展订单生产，实现产加销一体化协会按公司＋农户的模式，与贵阳老干妈、遵义遵畅绿色食品公司、遵义县辣椒食品厂等大型加工、营销企业联合创办生产基地，按企业所需，签订购销合同，组织辣椒生产，实现产加销一体化。据不完全统计，协会成立以来，提供的信息实现的交易量达 1.5 万吨，交易额 1.05 亿元。与青岛海顺隆食品有限公司、香港贝达公司等做成交易，产品出口马来西亚、新加坡、美国、墨西哥等国家。

农民资本的合作社。农民自办型农民合作是指农民在自愿的基础上，从个人的理性出发，自发组建合作社的一种形式，农民成为兴办合作社的主体。这一类合作社源于农民对合作的强烈需求产生的，在市场化条件下，农民认识到合作能产生规模经济、外部性内部化、降低交易成本、降低风险等预期收益，在农民内部产生了合作的冲动，通过资源的整合寻找潜在的市场获利机会和合作剩余。例如，2009 年贵州省水城县滥坝镇双水村，为解决农民贷款难的问题，该村通过群众代表大会，成立了"双水担保农民专业合作社"，注册资本金才 21.2 万元，成员都是由本村村民组成。合作社以当地农民合作并入股联保基金形成专业担保合作社的形式，面向当地农民、实行会员优先的原则，为农民发展农业、工业、第三产业等提供担保，可提供联保基金 5 倍数额的贷款担保，为本地信用程度高、项目发展前景好的农民提供服务。[①]

以生产统一产品的联合体。这样联合模式主要是有合作牵头来运行。合作社申请注册某一品牌的产品商标，按无公害、绿色食品标准组织生产，提供良种、植保等技术指导，对合作社社员实行统一生产、统一服务、统一标准、统一品牌包装等对外销售，实施品牌战略，发挥品牌效应，提高种植（养殖）户经济效益，增加社员收入。这类以生产同一品牌的联合代表，如湄潭茅贡牌优质米种植专业协会，是一家县级合作社，入社农户有 3000 户，带动农户 9800 户，集中生产茅贡牌优质米与市场对接。

跨区域的合作。突破地缘、人缘、业缘的局限，建立跨地区或省份的产销协作关系，是一种产销分离的组织体系。其特点：一是专业化生产分工与协作程度高，可获得规模效益；二是交易费用低，交易效率高；三是产销间相互独立，各自追求自身利润最大化，靠市场机制调节产销需求。

---

① http：//www.gog.com.cn，金黔在线－贵州日报.

2.3　主要理论梳理

2.3.1　农户人性假设

人性假设是经济学和管理学研究的基础与逻辑起点，不同的人性假设产生了不同的经济和管理理论，不同的理论在实践中衍生出各种原则、方法、制度和准则。"人们并不是理性的，而是由本性支配的，因而通过理解这些本性，就可揭开迄今未经探索的心灵的秘密"（雷恩，1979）。

2.3.1.1　经济学中的人性假设

（1）"自利人"——古典经济学的人性假设。经济学中人性假设的形成并作为经济学理论体系的核心假设与重要基石经过了一个历史变迁过程。经济学史上第一个也是最重要的人性假设是古典经济学家亚当·斯密于 1776 年在他的《国富论》一书中提出的"自利人"思想。在他的论述中我们可以将其"自利人"人性假设的要点概括为：第一，人都有"利己"的本性。亚当·斯密认为："再讲节俭，一个人之所以节俭，当然因为他有改良自己自身状况的愿望。这愿望，虽然冷静的、沉着的，但我们从胎里出来一直到死，从没一刻地放弃这愿望。我们一直到死，对于自身的地位，几乎没有一个人会有一刻觉得完全满意，不求进步，不想改良，但是怎么改良？一般人都觉得，增加财富是必要的手段，这手段最通俗、最明显。"① 第二，"自利人"是理性的，会积极追求其个人利益的最大化。亚当·斯密说："个人"的利害关系与情欲，自然会使他们把资本投在通常最有利于社会的用途。② 总之，他自然会寻求在普通场合最有利于国家的用途而避开普通场合会对国家最无利的用途。③ 第三，"自利人"的经营谋利活动最终会有利于社会的公共福利。亚当·斯密认为在经济活动中，尽管人们追求的完全是个人利益，而且不会顾及他人的利益，但由于每一个人的谋利活动也会受到其他人谋利活动的限制，所以在市场经济这只"看不见的手"的作用下，每一个人的这种"自利"行为最终会促进社会公共利益。亚当·斯密说到"在这场合，

---

① 亚当·斯密. 国民财富的性质和原因的研究：上卷 [M]. 北京：商务印书馆，1974.

② 大河内一郎. 过渡时期的经济思想：亚当·斯密与李斯特 [M]. 北京：中国人民大学出版社，2000.

③ 马克思恩格斯全集（第 26 卷）[M]. 北京：人民出版社：1973.

像在其他许多场合一样，他受到一只看不见的手的指导，去尽力达到一个并非他本意想要达到的目的。也并不因为事出于本意，就对社会有害。他追求自己的利益，往往使他能比在真正出于本意的情况下更能够有效地促进社会的利益。"第四，"自利人"是有道德的人。"在亚当·斯密看来，道德伦理不是与经济对立，毋宁说它是对经济有利的；伦理不是处于经济的对立面，而是存在经济本身之中。"① 要注意的是：亚当·斯密所说的这种有道德的"自利人"是指受着上帝"看不见的手"指导的人，是"中等和低层的阶层的人。"② 在亚当·斯密看来，拥有特权的"上流阶层"人士尽管也有"利己心"，但是他们的"利己心"是同浪费、阿谀、怠惰、乱伦、糜烂等相连接，堵塞了"取得美德的道路。"③ 他极其激烈地批判这些阶层的人，以促使世人警惕。"自利人"的人性假设的提出，标志着古典经济学第一块基石的确立，从此经济学作为一门独立的学科诞生了。正如马克思所言"在亚当·斯密那里，政治经济学已发展为某种整体，它所包括的范围在一定程度上已经形成。"④ 亚当·斯密的"自利人"假设不是凭空猜想。对斯密所处时代的背景材料作一概览，有助于我们理解斯密的"自利人"假设：一，新兴产业资本的出现和产业资本家的形成是"自利人"假设建立的现实基础。亚当·斯密《国富论》的写作时期与英国新兴产业资本大放光彩的时期是同步的。亚当·斯密的"自利人"假设是对产业资本家的理论抽象和科学描述。二，哲学家休谟的"人性"伦理思想对亚当·斯密的《国富论》有着很大的影响。他将休谟称之为"人文科学中的牛顿"。休谟在《人性论》中所阐发的关于将自利的动机视为人性与人类行为的基本倾向以及人的理性的工具主义倾向的思想，是亚当·斯密"自利人"假设的伦理形象和理性基调。三，牛顿经典力学是斯密构造市场秩序的重要参照体系。亚当·斯密认为，如同宇宙里"有一架巨大的机器"一样，人类社会"也像一架巨大的机器。"⑤ 同时，亚当·斯密通过对市场运行主体的严格考察，将这架"巨大的机器"的生成特别是其秩序化的动因指向"自利人"。可见，在亚当·斯密的视界中，市场如同机器一样，遵循着科学法则，是物理世界能够控制的。四是当时英国的经验主义哲学盛行，使亚当·斯密的经济学并不去刻意地寻求逻辑演绎，重要的是一个概念应该与感性经验相符合。五是亚当·斯密的思想深受当时广为流行的道德伦理哲学的影响。"自利人"的合理性是上帝给予的，这也符合新教伦理的道义，人的现世包括谋

---

① 夏尔·季德，夏尔·利斯特.经济学史：下册［M］.北京：商务印书馆，1986.
② 张国营.近代物理理论与技术［M］.徐州：中国矿业大学出版社，2001.
③ 贝克尔.人类行为的经济分析［M］.上海：上海三联书店，1993.
④ 诺斯.制度、制度变迁与经济绩效［M］.上海：上海三联书店，1994.
⑤ 李怀祖.管理研究方法论［M］.西安：西安交通大学出版社，2000.

求利益的经济活动及所取得的成功被视为上帝选中的标志。①

（2）"经济人"——新古典经济学的人性假设。新古典经济学家在亚当·斯密的"自利人"基础上做了进一步的抽象与理想化，形成了"经济人"的人性假设。其特点主要体现在以下几个方面：第一，"经济人"的"自利"本性是不言而喻的，并坚信"经济人"假设是进行经济分析的出发点，是经济学的第一法则，在经济学理论体系中处于中心的地位。作为经济主体，"经济人"的具体形态尽管有许多，但不论扮演什么角色（生产者、消费者等），在他们参与市场活动时都力图实现自身的利益最大化：这种抽象就为经济学家对人类的经济行为做出统一的理论解释提供了坚实的逻辑基础。第二，在如何实现最大化的问题上，新古典经济学家引入了具有革命意义的边际分析方法，并借助于微积分学中的全导数、偏导数和拉格朗日乘数等数学工具，为在有限资源约束条件下的目标最大化问题、资源合理配置问题提供了强有力的分析基础。可见，"经济人"假设为经济分析的科学化（特别是数学化）提供了理论前提。第三，对个人追求自身利益的行为在"无形的手"引导下如何会增进社会利益进行了严格的证明。第四，新古典经济学中的"经济人"不仅仅指生产厂商，广大消费者也被纳入了"经济人"的范畴，从而使最大化原理推广到消费者，并把消费置于经济学的首位，使经济学的关注重点从注重财富的生产转移到注重商品的实现上，对市场交换双方的经济行为做出了统一分析。应当说，"经济人"假设为经济学发展所带来的推动作用是不容抹杀的。"正是这具骷髅（指经济人假设）使科学树立起来并得到进步。它使经济学从软弱无力的东西发展成为坚强有力的科学。"②

2.3.1.2　管理学中的人性假设

从管理学的角度看，人类生存与发展的过程，也是个人通过组织满足生存与发展需求的过程。管理活动将作为管理活动主体的人和作为管理活动客体的人联系在一起，从而促进组织发展和不断满足人们的需求。对人性的探索是管理理论发展的一条重要线索。田红娜、李海涛、刘吉昌在《管理学中人性假设的历史变迁、趋势及其启示》一书中分析了管理学中八种"经济人"假设。③

（1）"经济人"假设。"经济人"假设是从经济角度来探求和满足人进行管理和劳动最主要动机的管理理论。泰罗提出的科学管理理论奠定了管理理论发展

---

① 蔡翔，陶学禹. 经济学中人性假设的历史变迁及其启示 [J]. 石油大学学报（社会科学版），2003（3）：62.

② 张恒龙. 论"经济人"假说在微观经济学发展中的作用 [J]. 经济评论，2002（2）.

③ 田红娜，李海涛，刘吉昌. 在《管理学中人性假设的历史变迁、趋势及其启示》[J]. 哈尔滨商业大学学报（社会科学版），2005（6）：42–44.

的基础，这个理论的提出就是基于对"经济人"的认识，这是管理学对人性最早的认识。他基于对"经济人"的认识所提出的科学管理理论对调动工人工作积极性有其积极的意义和作用。

（2）"社会人"假设。"社会人"假设是从心理学、社会学角度研究人的需要和行为。梅奥领导了著名的霍桑实验，提出了关于人性的"社会人"认识，使西方管理理论从科学管理的阶段进入到行为主义管理的阶段。

（3）"自我实现人"假设。"自我实现人"假设是伴随着马斯洛"需要层次理论"的提出而问世。所谓自我实现，指的是每个人都需要发挥自己的潜力，表现自己的才能；只有个人的潜力充分发挥出来，个人的才能充分表现出来，个人才会感到最大的满足。在管理学理论中，麦戈雷格的 X、Y 理论对人们认识人的本性，有极大的影响作用。

（4）"复杂人"假设。"复杂人"假设认为人的需要多种多样，是一个错综复杂的动机模式，所以对人的激励与管理方式也应不同；组织所处的内外环境不同，管理手段与方法也不同。洛希和莫尔斯提出了"超 Y 理论"，其基本思想是权变思想，认为人是"复杂人"，这种人有不同的需要，参加企业组织是怀有各种各样不同的目的，而有效的管理就要针对不同的人采取不同的管理方式。

（5）"决策人"假设。"决策人"假设认为组织是作为决策者的个人所组成的系统，决策是以"有限度的理性"准则来合理选择手段的管理行为。赫伯特·西蒙和巴纳德主要从人的认识和决策能力来认识人的本性。他们认为人是由选择的能力、决定的能力、自由意志组成，但是这种选择能力是有限的。

（6）"文化人"假设。"文化人"假设认为管理不仅要注重社会的契约化、法治化和理性化，更应该注重价值观、道德伦理、群体意识、文化网络和仪式等，以扬弃传统形成新质的管理态势。威廉·大内的《Z 理论》提出了"文化人"假设，认为管理不仅要注重社会的契约化、法治化和理性化，更应该注重价值观、道德伦理、群体意识、文化网络和仪式等，以扬弃传统形成新质的管理态势。

（7）"经营人"假设。"经营人"假设认为管理是手段，经营是目的，管理必须寓于经营之中，经营管理者依照其情境所总结的成功经验本质可以揭示管理成功的秘密。日本的占部都美在《现代管理论》中指出，管理人员应当一半具有"管理人"的特征；一半具有执行革新职能的企业家的特征。

（8）"变革人"假设。"变革人"假设认为组织环境的变化非常迅速，管理要改变被动适应的状况必须进行全面、彻底的变革，其中人的变革是最重要的内容。托姆在《企业变革的管理》一文中呼吁不能再"把它当作一个企业内部生命循环中的个别现象来看待了"。圣吉在《第五项修炼》中提出了五项修炼技能，"学习型组织"其体现了管理的系统和动态的变革观，强调运用团队学习、发展员工与团体的合作关系使个人的力量通过集体实现。

2.3.1.3　人性假设的演进

（1）新制度经济学对"经济人"假设的推进。刘燕在《经济学人性假设的演进与超越》一书中，在分析了"经济人"假设的含义与缺陷的基础上，阐述了新制度经济学对"经济人"假设：① 在方法论方面，新制度经济学派是当前发展最为迅速的一个学派，一方面它借用理性经济人的成本收益观用于对制度构成和运行的分析，另一方面又发展出了根本不同于主流经济学的研究方法。例如，科斯在经济理论中的现实主义原则，使其研究再现了现实世界的丰富多彩而避免了单纯逻辑推论可能造成的疏漏；诺斯目前正试图将心理学和认知科学方面的最新成果引入到制度演变的微观过程中来；再如，威廉姆森致力于大量收集和分析商业案例，从现实中发展制度创新的合理依据。他们的工作与主流经济学家拒绝对经济人假说进行现实验证的态度形成了鲜明对比。

在理论推进方面，科斯第一和第二定理奠定了交易成本分析的基础，论证了在交易成本为正时，产权的界定直接影响要素配置状况，从而影响经济运行，而这正是"真实世界"的状况。交易成本（费用）概念的提出是革命性的，它将新古典经济学构建的经济人的完美理性、"无摩擦"的完美世界击得粉碎，改变了人们对经济学的认识。目前，交易费用及相关假定已经构成了一个替代新古典环境的新制度（"制度"可以被视为一种"结构性知识"）环境，影响了许多经济学的思维和信念。威廉姆森则从契约签订角度对交易过程中的信息不对称、有限理性和机会主义等新古典环境忽略的问题进行考察，从而揭示了市场和企业两种组织类型的内在运行机理，并且为比较制度分析（制度选择）提供了重要的分析视角。制度因素被纳入了经济学的研究视野，出现了以交易费用经济学为代表的新制度经济学的蓬勃兴起，新制度经济学的企业理论、契约理论与制度变迁理论成为 20 世纪以来经济学最为引人瞩目而朝气蓬勃的新学说。现代经济学的发展还促进了与经济学密切相关的社会学、心理学、管理学、政治学等多学科的融合趋势。

（2）管理学中"经济人"假设的演进。梅奥认为人们的行为并不单纯出自追求金钱的动机，还有社会和心理方面的需要，而后者更为重要。因此不能单纯从技术和物质条件着眼，而必须首先从社会心理方面考虑合理的组织与管理。马斯洛的研究表明了人的需求与个人因素之间动态的联结，需求层次理论是这种动

---

① 刘燕. 经济学人性假设的演进与超越 ［J］. 南方经济，2005（6）：24－27.

态联结的体现。现代的人本思想把人看作追求自我实现、能够自我管理的社会人，更顺应了这种动态研究的趋势。①

从"经济人""社会人""复杂人""自我实现人""决策人""文化人""经营人"到"变革人"，表明人们对人性的认识不断深化，而伴随这一深化过程的是管理思想理论由科学管理理论、行为科学管理、管理丛林理论发展到人本管理理论。管理中人性观的发展，反映了人类在征服自然和改造社会的过程中，对人自身的认识，对人价值的关注，对人的尊严的重视。这表明，管理理论的发展实现于人性假设理论的发展进程之中，所谓管理的最高境界——人本管理是历史的产物，是对人性不断认识的结果。随着人类文明的进步和发展，人类认识的深化，对人性的研究不论从内容上，还是方法上都日益丰富、严明。

2.3.1.4 合作制中中国农民的人性假设

20世纪90年代中后期以来，对农业、农村、农民问题的关注日益升温，农民合作问题引起了很多学者的关注，关于农民合作能力有不同的观点，一种观点认为农民原子化，合作能力低下，曹锦清（2000）得出了"中国农民善分不善合"的结论，认为中国传统村落里的农民没有"共同体意识"，各农户力求自给自足，对那些无法自给自足的家庭，主要是通过血缘关系网络内的"礼尚往来"运作来解决问题的。贺雪峰（2007）认为，市场经济导致农民合作能力下降，当前农民善分不善合的状况，已经到了历史上最严重的地步。另一些学者持相反的意见，认为农民缺乏的不是合作的素质，而是有利于合作的社会外部力量，认为强力控制和农民合作是一种此消彼长的关系。这两种观点反映了两种不同的问题意识，前者从农民合作能力赖以存续的内在条件来评价农民的合作能力，后者从农民合作能力得以形成的外生条件来评价农民合作能力。

在舒尔茨之前，经济学家先验地把农民定义为懒惰、固执。在中国一些经济学家和社会学家的研究中，农民被假定为非理性的，例如，乡村建设的先驱者晏阳初先生毕生关注农民问题，倡导农村文化建设，他将中国农民的弊病总结为"贫、愚、弱、私"。这样的判断只是观察其表得出的结论，并不是用来解释农民行动选择的动机。一个理论能否用来解释某种社会现象，决定于这个理论成立的限制条件和相关选择的机会成本与要解释的现象所在的社会是否一致。在理解农民合作的问题上，同样要考虑阻碍合作达成的约束条件，观察经济发达国家，80%以上的农民都参加了各种类型的农民合作经济组织，80%以上的农产品也是

---

① 田红娜，李海涛，刘吉昌. 管理学中人性假设的历史变迁、趋势及其启示 ［J］. 哈尔滨商业大学学报（社会科学版），2005（6）：42－44.

由合作社销售，游离于组织之外的农民已经极为罕见。比较中国的情况，虽然合作组织有了很大的发展，但比较发达国家来说，还显得不足。在现实中，农民有合作的意愿，但农民合作的达成比较难，这从另一个方面说明了农民面临的约束条件太多，不能归结为农民的经济素养和个体特征。

就中国农民合作问题而言，舒尔茨假说的条件在中国是很难实现的，这些条件就是前面提出过的约束条件，即信息是完全的，农民面临的市场是完全竞争的，等等。因此，相应建立的新古典模型就不能完全反映中国农民的行为，中国农民受到高度的不确定性和相当多的限制条件的约束。因此，在分析农民合作问题时，埃利斯对农民行为"有条件利润最大化"的分析更具有说服力。这个分析把发展中国家农民的约束条件纳入分析变量中，但分析方法、工具及逻辑结构并不与新古典理论背离，而对现实的解释力却大大增强了。

通过对农民微观经济组织变迁的分析，可以看出，于追求效用最大化的理性动机，农民对经济环境的变化能做出有效和迅速的反应，没有中断过对合作的尝试，从农户换工协作、合购耕牛、合购机械、农户耕地连片到较高层次的专业合作经济组织及土地股份合作等。但合作是否能维系和获得持续的发展，有赖于合理的制度安排。①

2.3.2　产业组织理论

产业组织理论作为产业经济学的基本理论有深刻的思想渊源及产生、发展和深化的过程。产业组织理论是 20 世纪 30 年代以来在西方国家产生和发展起来的，以特定产业内部的市场结构、市场行为和市场绩效及其内在联系为主要研究对象，以揭示产业组织活动的内在规律性，为现实经济活动的参与者提供决策依据，为政策的制定者提供政策建议为目标的一门微观应用经济学②。

2.3.2.1　西方产业组织理论的产生与发展

产业组织理论源于美国，作为一种理论体系产生于 20 世纪 30 年代，其发展历程大体上可以划分为两大阶段。

第一阶段：（1930～1970 年）。以哈佛大学经济学教授贝恩为主要代表，形成了著名的"市场结构—市场行为—市场绩效"范式（structure-conduct-performance，SCP）。1959 年，贝恩的《产业组织》一书系统地提出了产业组织理论的

---

① 李佳. 农民经济合作的行为逻辑与动力机制 [M]. 北京：经济科学出版社，2012：30 – 35.
② 李靖华，郭辉煌. 国外产业周期理论的演变 [J]. 人文杂志，2001（6）：62 – 65.

基本框架，系统地总结了已有的研究成果，特别是哈佛学派的研究成果，第一次完整而系统地论述了产业组织的理论体系。此外，凯维斯、谢勒、谢菲尔德和科曼诺等人对产业组织理论的体系和发展都做出了重要贡献。他们在分析框架中突出市场结构，在研究方式上偏重实证研究。这是哈佛学派区别于其他学派的两个重要特征。哈佛学派的这种政策主张对战后以美国为首的西方发达市场经济国家反垄断政策的开展和强化都产生过重大的影响。SCP 范式的形成，为早期的产业组织理论研究提供了一套基本的分析框架，使该理论得以沿着一条大体规范的途径发展，标志着产业组织理论体系的初步成熟；产业经济学因此而成为一门相对独立的经济学科。

第二阶段（1970 年至今）。代表学派有芝加哥学派、新奥地利学派和新制度学派。针对哈佛学派产业组织理论存在的缺陷，20 世纪 60 年代，以斯蒂格勒为代表的一些芝加哥学者，在不放弃 SCP 分析框架的前提下，对哈佛学派的观点展开了批评和提出了挑战，并逐渐形成了产业组织理论中的"芝加哥学派"。1968年，施蒂格勒出版的代表作《产业组织》一书问世，代表了芝加哥学派在理论上的形成。芝加哥学派研究产业组织问题的突出特点，就是不以经验实证为主，而是强调理论分析，重视根据逻辑和理论来应用价格理论，认为产业组织理论是价格理论的逻辑扩展。[①] 20 世纪 80 年代中期以来，以科斯为代表的交易费用理论为基础，从制度角度研究经济问题，将研究重点深入到企业内部，研究企业内部产权结构和组织结构的变化，因此，也被称之为"后 SCP 时代"。

2.3.2.2 西方产业组织理论体系的主要内容

西方产业组织理论经过近百年的发展逐步形成了较为完整的理论体系，主要观点集中表现在下列几个方面：

一是"市场结构—市场行为—市场绩效"范式。按照这一范式，市场结构决定企业的市场行为，企业行为产生市场绩效。在分析框架中突出市场结构，在研究方式上偏重实证研究。在 SCP 范式框架下，市场结构、市场行为和市场绩效之间存在一种单向的因果联系：集中度的高低决定了企业的市场行为方式，而后者又决定了企业市场绩效的好坏。集中度高的企业总是倾向于提高价格，设置障碍，以便谋取垄断利润，阻碍技术进步，造成资源的非效率配置；要想获得理想的市场绩效，最重要的是要通过公共政策来调整和改善不合理的市场结构，限制垄断力量的发展，保持市场的适度竞争。

二是产业组织理论：芝加哥学派。斯蒂格勒对产业组织理论贡献最大。提出

---

① 牛丽贤，张寿庭. 产业组织理论研究综述［J］. 技术经济与管理研究，2010（6）：136 –139.

了产业生命周期理论，讨论了厂商的最佳规模，创立了信息经济学理论，并运用它来解释市场组织问题。该学派注重用严格的经济理论进行分析，强调对理论的经验证明，强调三者之间的双向互动关系；对市场行为持自由放任主义观点，反对政府对产业组织实施干预。在芝加哥学派中，德姆塞茨也对产业组织理论进行了深入的探索。

三是新产业组织理论：SCP 范式的修订和补充。该理论在研究方法上，主要运用数学方法和博弈方法，通过建立一系列的理论模型，探索企业行为的合理性；在研究内容上，重点研究企业在市场上的行为，寻求将产业组织理论与新古典微观经济学紧密结合的有效途径。并且强调经济福利问题。新产业组织理论对企业行为给予特别重视，将市场初始条件及企业行为看作一种外生变量，而市场结构则被看作内生变量，而且彼此之间不存在反馈线路，这些可视为是对传统的SCP 范式的修订和补充。此外，新产业组织理论还对一些具体的产业组织问题做了进一步的探索（洪银兴，1998）。

四是新制度经济学："后 SCP"流派。以罗纳德·哈利·科斯（Ronald Harry Coase）和道格拉斯·诺斯（Douglass C. North）、奥利弗·威廉姆森（Oliver Williamson）和阿尔钦（Alchian）等人为代表的一些经济学家，从新的角度进行产业组织理论研究，逐渐形成了新制度学派的产业组织理论。他们运用交易费用理论说明最低的总交易费用产生良好的经济绩效，运用产权理论说明明晰的产权易于形成合理稳定的预期，运用委托代理理论分析企业激励机制对企业的重要影响；从企业"黑箱"内部的产权结构、组织结构的变化来分析企业行为。新制度学派将制度视为经济活动的内生变量，运用传统的微观经济学来分析研究制度对市场绩效的影响。新制度学派重视技术进步和技术创新，将其作为促成制度演进的动因，视其为市场行为和市场绩效的内容。新制度学派的核心思想就是通过建立合理、有效的制度，来降低交易费用，激励经济主体从事生产性活动，从而保障分工和合作的顺利进行，实现良好的市场绩效，促使资源的优化配置和社会福利达到最优。

综观产业组织理论的形成、发展，西方产业组织理论历经近百年的发展历程，取得了丰硕的成果，并逐渐成为一门应用性较强的相对独立的经济学科和经济学课程。近年来，数理推导大量运用于产业组织理论的研究，博弈论计量分析逐渐成为该领域的常规研究方法。西方产业组织理论对西方国家产业政策的制定有着深远的影响。随着经济全球化趋势的发展和国际经济交流合作的日益增多，产业组织理论将在世界范围内受到广泛关注，并在西方社会以外得到新的发展。

2.3.3　自主治理理论

埃莉诺．奥斯特罗姆（Elinor Ostrom，1990）是美国新制度主义政治学的领军人物之一。埃莉诺·奥斯特罗姆的自主治理理论的产生，是建立在前人对公共事务治理研究基础之上的。在传统的公共事务治理理论中有三个主要的经典模型：它们是"公地悲剧"模型、"囚徒困境博弈"模型和"集体行动逻辑"模型。埃莉诺·奥斯特罗姆通过分析上述三个模型，指出这些模型的分析具有一定的现实意义，但由于模型假设极端并不具有一般性。认为这些模型只适用于缺乏有效沟通，且规模较大的公共池塘资源，而对于规模较小公共池塘占用者的行为不起什么作用。对此奥斯特罗姆通过深入系统的实证研究，提出了自己的多中心治理理论。

埃莉诺·奥斯特罗姆在《公共事物的治理之道》① 一书中，着眼于小规模公共池塘资源问题，从理论和实证的角度阐述了运用非国家（集权）和非市场（私有化）的解决方案解决公共事务的可能性，她认为集权控制和完全私有化，都不是解决公共池塘资源的灵丹妙药：集权控制是建立在信息准确、监督能力强、制裁可靠有效以及行政费用为零这些假定的基础上，事实并非如此。"人类社会中大量的公共池塘资源问题在事实上不是依赖国家也不是通过市场来解决的，人类社会中的自我组织和自治，实际上是更为有效的管理公共事务的制度安排。"但是大量经验事实证明，这一不同于集权化和私有化的替代方法，通过资源占用者的共同努力，经过不断设计、修订、监督和维持所形成的多种制度安排，已经摆脱了资源陷阱和公地悲剧。

埃莉诺·奥斯特罗姆研究的中心问题是一群相互依赖的委托人如何才能把自己组织起来，进行自主治理，从而能够在所有人面对搭便车、规避责任或其他机会主义行为诱惑的情况下，取得持久的共同受益。她必须同时解决的问题是：第一，增加自主组织的初始可能性；第二，增强人们不断进行自主组织的能力；第三，增强在没有某种外部协助的情况下通过自主组织解决公共池塘资源问题的能力。她用制度分析方法给予集体行动困境的解决或公共管理危机的克服颇多启示，在大量案例研究的基础上，界定了公共事物有效治理的八项原则，这些原则和自主治理框架对现实公共事物治理有着相当积极的意义。

奥斯特罗姆的自主治理理论，为克服上述两种体制的缺点，实现可持续利

---

① ［美］埃莉诺·奥斯特罗姆. 公共事物的治理之道：集体行动制度的演进 ［M］. 余逊达. 陈旭东译. 上海：上海三联书店，2000.

用，走出公共资源治理的困境，提供了有益的启示。这种以自愿的方式，将公共资源社区的使用和开发者组织起来，让其共同参与管理公共资源的模式，可以充分利用社会良性资本，有效促成自愿合作，从而降低了垄断投机的可能性，克服了因"公地悲剧"带来的资源过度开发与退化，同时也提高了信息准确性和管理决策科学性，降低了信息成本和实施成本，提高了资源的利用效率，从而保证了公共资源的长期存续和高效治理的实现。

2.3.4　社会资本理论

关于社会资本理论，许多学者都进行了研究。皮埃尔·布迪厄（Pierre Bourdieu）是第一位在社会学领域对社会资本进行初步分析的学者；科尔曼（James S. Coleman）对社会资本做了较系统的分析；帕特南（Putnam R，1993）从政治的角度对社会资本进行了研究。

皮埃尔·布迪厄（1930～2002）法国社会学家。布迪厄是第一位在社会学领域对社会资本进行初步分析的学者，布迪厄把资本划分为三种类型：经济资本、文化资本和社会资本。社会资本就是"实际的或潜在的资源的集合体，那些资源是同对某些持久的网络的占有密不可分的。这一网络是大家共同熟悉的，得到公认的，而且是一种体制化的网络，这一网络是同某团体的会员制相联系的，它从集体性拥有资本的角度为每个会员提供支持，提供为他们赢得声望的凭证。"

詹姆斯·科尔曼以微观和宏观的联结为切入点对社会资本做了较系统的研究，并由此提出了社会资本的概念。科尔曼指出："蕴含某些行动者利益的事件，部分或全部处于其他行动者的控制之下。行动者为了实现自身利益，相互进行各种交换，其结果，形成了持续存在的社会关系。"社会资本不是某些单独的实体，而是具有各种形式的不同实体。科尔曼认为社会资本是与物质资本和人力资本相并存的，每个人生来就具有这三种资本，它们三者之间可以转换。

罗伯特·普特南[①]从政治的角度对社会资本进行了研究。从自愿群体的参与程度角度来研究社会资本。在帕特南那里，社会资本是一种团体的甚至国家的财产，而不是个人的财产。运用社会资本、合作、互惠、治理和善治等新的政治分析框架，来解释意大利民主政府的制度绩效。发现北部的公民组织比南部发达，令人们有更多的机会交往，从而建立互信和一些互助的传统，最后减少了在提供公共物品时的"交易成本"，有利于当地的经济和公共服务的发展。帕特南在

---

① Putnam R. Making Democracy Work & Civic Traditions in Modern Italy ［M］. Princeton：Princeton University Press，1993.

《让民主的政治运转起来》中提出公民参与网络。以集体行动的理论分析这些公民组织和个人构成了民主的社会资本，这一资本包括公民参与的网络、普遍互惠的规范以及彼此的信任，认为社会资本提供一种社会和组织的基础，应发展公民参与网络。

2.3.5　合作经济理论

合作经济理论源于早期的空想社会主义思想，其中欧文、傅立叶是最有影响的合作经济思想家。罗伯特·欧文不仅是一位合作社的理论家，而且还是一个合作社的试验者，被后人尊称为合作经济之父。沙利·傅立叶的《论家务——农业协助社》（1829）和《经济的新世界或符合本性的协作行为》（1829）等著作，全面系统地阐述了其合作经济思想。从某种意义上说，从 1827～1834 年，西方发展起来的合作社实践是在资本主义环境中维护以劳动者为主体的弱势群体共同利益的社会共同体运动。

马克思、恩格斯的合作经济思想是在特定历史时期形成的，围绕着资本主义如何向社会主义过渡的核心展开。他们的合作思想主要体现在《资本论》《国际工人协会成立宣言》《法兰西内战》《哥达纲领批判》和《法德农民问题》等论著中。他们重视生产合作和多种合作形式与分配形式并存的思想，在一定程度上构成今天社会主义国家合作经济的思想理论基础。但由于他们的合作思想是基于消灭商品经济的认识而产生，其主张的合作指生产合作，而忽视产前、产后部门的合作。这种合作的基础是产品经济，而不是商品经济。在此基础上形成的建立全国性大生产合作社的构想，深深地影响后来社会主义国家合作经济的发展。

恩格斯晚年出于在农业和农民占较大比重的国度里建立并巩固社会主义制度的总体构想，精辟地阐述了欧洲一些国家农业合作思想。恩格斯关于农业合作的设想是：农民"把自己的土地结合为一个大田庄，共同出力耕种，并按入股土地、预付资金和所出劳力的比例分配收入"。① 通过合作社，把农民的"私人生产和私人占有变为合作社的生产和占有"。② 通过建立合作社，"把作为他们主要劳动对象的土地从农民和更大的封建主私人占有中夺取过来，而变作由农业工人的合作团体集体耕种的社会财产时，他们才能摆脱可怕的贫困"。③ 恩格斯在1872 年写给丹麦社会主义者路易·皮奥的信中指出：在丹麦那样一个农村人口占大多数的国家里，通过合作社组织农业生产，是实现小土地私有制转变为社会

---

① ② 《马克思恩格斯选集》（第 4 卷）［M］. 北京：人民出版社，1995：310.

③ 《马克思恩格斯选集》（第 2 卷）［M］. 北京：人民出版社，1995：295.

主义所有制的正确道路。对合作经济理论的论述比较全面系统，列宁（1995）《论合作制》①中比较全面系统论述了社会主义合作经济发展的性质、途径、条件、趋势。他的论述成为后来社会主义国家合作经济实践的重要思想理论基础。

毛泽东早年在《湖南农民运动考察报告》（1927）中就提出"合作社，特别是消费、贩卖、信用三种合作社，确是农民所需要的""生产合作的形式，应当是多种形式"的重要思想。这些合作思想在后来的《共同纲领》中得到更加完整确切的论述，即鼓励和扶助广大劳动人民根据自愿原则，发展合作事业，在城镇中和乡村中组织供销合作社、消费合作社、信用合作社、生产合作社和运输合作社，在工厂、机关和学校中应尽快组织消费合作社。在新民主主义革命胜利后，由于受斯大林合作经济思想的影响，过度重视生产领域的合作社，而忽视流通的合作，最终形成了人民公社理论，使合作社特别是农业合作社没有沿着正确的道路继续走下去。

2.3.6　分工理论

以亚当·斯密、李嘉图、李斯特为代表的古典经济学家的分工协作理论奠定了经济组织理论的基础。

在亚当·斯密以前就有许多思想家讨论过分工与社会经济发展问题，尤其是三次社会大分工，给社会发展造成影响尤为重大，但真正把分工置于重要地位的是古典经济学创始人亚当·斯密。他把分工看成是提高劳动生产率的主要原因，他对手工场内部分工和社会内部的分工（即产业分工）做了考察，并论述了分工对不同部门劳动生产率高低和国家财富差别的影响。在经济上第一次提出了分工与劳动率的关系。亚当·斯密指出，"劳动生产力上最大的增进，工人及运用劳动时所表现的更大的熟练技巧和判断力，似乎都是分工的结果。"②只有在商品经济当事人追逐个人经济利益的活动不受限制自由进行时，才能提高交换能力，拓宽市场，促进分工。斯密指出，在农业方面，由于不能采取完全的分工制度，富国和贫国的劳动生产率差别不大，而在工业方面由于易于实行分工制度，分工引起的劳动生产率的提高能够使工业具有极大地竞争能力，所以分工比较发达的富国的劳动生产率远高于贫国。

李嘉图修正和补充了亚当·斯密的学说，从对外贸易角度提出了面临统一和市场不同组织间的交换协作原则，提出了国家间相对优势的分工原则，认为各国

① 《列宁选集》（第 4 卷）［M］. 北京：人民出版社，1995.

② ［英］斯密著. 国富论［M］. 唐日松译. 北京：华夏出版社，2004.

应生产自己具有相对优势的产品，通过自由交换来获得更大的利益。并强调除了自然界稀有的物品以外，无论在发达或不发达的社会中，劳动总是衡量价值的基本尺度。他把资本看作是劳动积蓄的一种体现，因此一切借助生产资料而生产出来的劳动产品，其交换价值都取决于不同制造阶段所投入的直接或间接的劳动。

李斯特则直接从亚当·斯密所确定的劳动是财富的创造者的观点出发，在亚当·斯密的生产力学说和分工协作理论基础上又做了进一步的发展，把分析深入到劳动的动因、劳动力的素质和劳动力作用的功效发挥中，把教育、科学技术、劳动者的技能和经营管理经验，过去劳动所创造的物质资料和自然资源与生产力概念相联系，形成了较完整的广义生产力概念。李斯特还认为斯密没有彻底揭示出分工有助于劳动生产率提高这一自然法则的本质。李斯特把这一思想推广到社会分工（即各产业各企业间的分工），提出了"生产力的平衡和协调"的概念。

马歇尔对分工经济思想贡献主要体现在报酬递增与工业组织，将分工的网络描述成了经济组织。尤其是"组织能提高效率"① 这一著名论断，对在分工基础上形成农村经济合作组织提供理论依据。马歇尔认为，有机体的发展，无论社会的和物质的，一方面包含它的各分离部分之间功能的子分工的增加，另一方面包含它们之间更紧密的联系。每一部分越来越少自给自足，它的福利越来越依赖于其他部分。

2.3.7 博弈论

博弈论经过半个多世纪的短暂发展，正逐渐成为现代经济理论的一个重要组成部分。博弈论（game theory）可定义为：一些个人，一些团队或组织面对特定的环境条件，在一定的规则制约下，依靠所拥有的信息，同时或先后，一次或多次，从各自允许选择的策略进行选择并加以行动，并从中各自取得相应结果或支付的过程的理论。② 所谓博弈，其实就是指两个或多个成员都在追求他们各自的利益，而没有人能支配结果的一种竞争局势。冯·诺伊曼和摩根斯坦恩（John Von Neumann & Oskar Morgenstern, 1944）合作出版的《博弈论与经济行为》（1944）一书中第一次系统地将博弈论引入经济学中。

博弈论凭着强大的理论优势，经过半个多世纪的短暂发展，已经发展成为经济学领域中一门重要的学科。博弈论的正式提出是在 20 世纪 40 年代，但博弈的思想有着悠久的历史。1944 年，冯·诺伊曼和摩根斯思合作出版了《博弈论

---

① ［英］马歇尔. 经济学原理 ［M］. 唐运杰译. 北京：华夏出版社，2004：222.
② 王金炳. 博弈论的发展历史和基本内容 ［J］. 时代经贸，2007（6）：1 - 2.

与经济行为》一书标志着博弈理论的正式提出。1950 年，塔克（Tucker）提出了"囚徒困境"。1950 年和 1951 年纳什发表了两篇关于非合作博弈的重要文章，提出了"纳什均衡"的概念，以及证明纳什均衡存在的纳什定理，奠定了现代博弈论学科体系的基础。20 世纪 50 年代中后期～70 年代是博弈论产生重要成果的阶段。20 世纪 80 年代以后，博弈论开始走向成熟，理论框架逐渐完整和清晰，并开始受到经济学家真正的重视。1994 年诺贝尔经济学奖被授予纳什、豪尔绍尼和泽尔滕三人，以表彰他们在博弈论的发展及应用中所作出的开创性贡献。

一个完整的博弈应当包括：博弈方或局中人、策略、支付函数、博弈的次序、信息等以几个要素。

纳什均衡博弈理论的基本概念是纳什均衡及其精练。纳什均衡可以描述为：如果一个博弈存在一个战略组合，任何参与人要改变这一战略组合都可能导致降低自身的效用水平，因而任何参与人都没有积极去改变这一战略组合，这一战略组合称为该博弈的纳什均衡。纳什均衡假设参加者是完全理性的，并且博弈信息是完全的，而现实中个人并不是完全理性的，并且对信息的掌握并不是完全充分的，这就使这一理论受到质疑。对纳什均衡博弈理论完全理性假定的质疑推动了进化博弈论的出现。该理论对参加者的理性要求较少，因而对人类的群体行为可以做出更好的预测。从纳什均衡博弈理论到进化博弈论是一个逐渐递进的过程，体现了从完全理性向有限理性转变，从完全信息向不完全信息转变，从简单博弈向重复博弈转变，从静态博弈向动态博弈转变。

但博弈论还存在一些问题：有关博弈规则、博弈信息的理论基础薄弱；许多博弈理论还处在提出假设阶段，还需要接受实践的检验；理论范围有待扩展，理论体系有待严密、统一；合作博弈理论发展地不充分，等等。

经过由纳什均衡理论向进化博弈理论的发展，博弈论的理论体系日益成熟，地位不断提高，并对个人、企业、国家之间的关系发展有巨大的指导作用。农民合作组织问题是适合使用博弈论研究的重要领域，学者在农民合作组织的产生与发展、存在问题与出路等方面较多的使用了博弈论分析模型，但仍然存在分析水平不高、应用模型较为简单等问题。一些新兴的博弈论理论为农民合作组织研究提供更多的工具，如合同理论、机制设计理论等，博弈论在农民合作组织研究领域中有极大的发展前途。

本 章 小 结

农业是一个最古老的产业，特色农业是在一定的经济区域内，利用本地区独特的地理、气候、资源、产业等条件，适应市场需求的、具有显著区域特色的一种农业产业。

　　本章从界定农业、特色农业、农户合作、合作制等相关概念与内涵出发，阐述了发展特色农业应依据比较优势理论、马克思主义经典作家理论以及西方发达国家和我国发展特色农业的实践经验，并对特色农业未来的发展趋势进行了展望。在此基础上，归纳了中国农户合作的历史沿革，并重点梳理了农户人性假设、产业组织理论、自主治理理论、社会资本理论、合作经济理论、分工理论以及博弈论等相关理论。

第 3 章

农户合作行为的生成机理

3.1 合作与市场交易成本

3.1.1 交易成本理论概述

交易费用（成本）理论是新制度经济学的理论基石，是新制度经济学最具理论基础意义的范畴和分析工具。交易成本或交易费用理论的形成和发展经历了一个较长的时期。自从美国人康芒斯 1934 年在《制度经济学》中提出了"交易是制度经济学分析的最小单位"后，交易这个概念开始引起人们的广泛关注和研究。罗纳德·科斯 1937 年的《企业的性质》一书中首次提出了交易成本这一概念。这一突破使人们对"交易"的认识和摸索终于找到了正确的方向。"科斯对交易成本概念的贡献最具基础性意义在于它架起了制度、交易成本与新古典理论间至关重要的联系"。[①]

科斯认为，市场并不是万能的，其运行也是有成本的。企业组织作为市场的代替物，也是有成本的。企业的交易成本包括：一是发现相对价格的工作所发生的费用，如获取市场信息的费用、分析处理市场信息的成本及寻找交易对象、了解市场价格等的费用；二是不确定性原因引起的费用，契约时间的长短影响契约的履行和实现造成的费用；三是每一笔交易的谈判和签约的费用；四是企业内部组织交易的成本。企业家不能将生产要素成功地用在使它们价值最大的地方，原因就在于组织成本的上升、资源的浪费带来的损失等于在公开市场上进行交易的成本等。

---

① 彭德琳. 新制度经济学 [M]. 武汉：湖北人民出版社，2002.

科斯在《社会成本问题》一书中指出："在完全竞争的条件下，私人成本将等于社会成本"，即著名的"科斯定理"。科斯定理的引申意思是，如果交易费用为零，不管权利初始安排如何，当事人之间的谈判都会导致那些使财富最大化的安排，即市场机制自动驱使人们谈判，使资源配置实现帕累托最优。如果交易费用不为零，不同的产权安排会带来不同效率的资源配置，就可以利用明确的产权之间的自愿交换来达到资源配置的最佳效率。

科斯之后，对交易成本理论做出了巨大贡献的主要是威廉姆森。对于交易成本的决定因素，科斯没有专门分析，威廉姆森在科斯的基础上扩展和深化了对交易成本决定因素的分析。他主要是从人的因素、与特定交易有关的因素以及交易的市场环境因素三个方面来分析交易成本的决定因素的。

关于人的因素，威廉姆森看来，现实的经济生活中的人并不是古典经济学所研究的"经济人"，而是"契约人"，"契约人"的行为特征不同于"经济人"的理性行为，而具体表现为有限理性和机会主义行为。正是"契约人"的有限理性和机会主义行为导致了交易成本的产生。威廉姆森认为人的有限理性主观上追求理性，但客观上只能有限地做到这一点的行为特征。也就是说，通常人们经济活动的动机是有目的、有理性的，但仅是有限的条件下的理性行为。既然人们的理性是有限的，交易双方既不能完全搜集事前合约安排相关的信息，也不能预测未来各种可能性事件的发生，从而在事前把这些变化全部写入合约的条款中，因此，合约总是不完全的。机会主义行为是指人们在交易过程中不仅追求个人利益的最大化，而且通过不正当的手段来谋求自身的利益。[①] 机会主义行为又分为事前的机会主义行为和事后的机会主义行为。前者以保险中的逆向选择为典型，事后的机会主义行为以保险中的道德风险、代理成本为典型，正是这些机会主义的行为表现直接或间接地导致了信息不对称问题，从而使经济组织中的问题极大的复杂化了，其导致的一个直接结果就是合同风险。总之，人的有限理性和机会主义行为的存在，导致了交易活动的复杂性，交易成本增加。

关于特定交易有关的因素，威廉姆森从资产专用性、不确定性和交易频率三个维度进行了解释。资产专用性是指"在不牺牲生产价值的条件下，资产可用于不同用途和由不同使用者利用的程度。它与沉入成本概念有关。"[②] 当一项耐久性投资被用于支持某些特定的交易时，所投入的资产就具有专用性。当契约双方中有一方投入了专用资产时，一旦另一方采取机会主义行为提前终止交易，投资

---

① 袁庆明，刘洋. 威廉姆森交易成本决定因素理论评析［J］，财经理论与实践（双月刊）2004（9）：17 - 20.

② 威廉姆森. 治理机制［M］. 北京：中国社会科学出版社，2001.

一方就可能蒙受损失。这里的交易的不确定性，既包括事前只能大致甚至不能推测的偶然事件的不确定性和交易双方信息不对称的不确定性，也包括可以事先预料，但预测成本或在契约中制订处理措施的成本太高的不确定性。当交易过程中的不确定性很高时，交易双方对未来可能发生是事件就无法预期到，因而也就很难把未来的可能事件写入合约中。在这种情况下，重新设计一种交易当事人双方都能接受的合约安排，就必然会增加交易成本。交易频率，即交易发生的次数，它并不会影响交易成本的绝对值，而只影响各种交易方式的相对成本。一种交易的成本，在多大程度上能被带来的利益抵消，取决于交易中所发生的交易的频率。交易成本与交易频率的关系是在重复性交易中，交易成本随交易频率的增加而递减，但重复性的交易中，交易成本不论怎样随交易频率的增加而减少，交易成本都不会趋近于零。

关于交易的市场环境因素，威廉姆森认为，交易的市场环境是指潜在的交易对手的数量。交易开始时有大量的供应商参加竞标的条件，并不意味着此后这种条件还会存在。事后竞争是否充分，依赖于所涉及的货物或者服务是否受到专用性人力或物质资产投资的支持。一旦存在了专用性投资，就不能假定竞争对手还处于同一起跑线上了。在这种情况下，最初的完全竞争市场就被垄断市场所代替，最初的大数目竞争条件就让位于事后的"小数目条件"，而这一个过程被他称之为"根本性转变"。

总之，威廉姆森交易成本决定因素主要从交易与交易维度（包括资产专用性、交易的不确定性以及交易发生的频率）的关系、交易维度与人的机会主义行为、有限理性的关系出发，间接地考察了交易费用的决定因素。但是，威廉姆森对交易成本决定因素的分析，仍然存在一些缺陷和不足。首先，他的分析只是说明了哪些因素导致了市场交易成本的上升，并没有回答"市场交易成本为什么会产生"的问题。也没有明确地将他所揭示的几个因素与稀缺联系起来，也没有推广到其他交易类型中去，这不得不说是其理论的一个缺憾。[1] 其次，在威廉姆森的分析框架中只强调了人类行为动机中机会主义倾向的一面，而没有看到人类行为中还有信任的一面，要想更好地理解人类行为的实质，就必须同时了解人类信任的形成原因。

迈克尔·迪曲奇（1999）指出按照威廉姆森的观点，倘如受到限制的理性思考、机会主义和资产专用型这三个因素不是同时出现，交易费用就不会发生。[2]

---

① 玛斯顿. 交易成本经济学的实证研究：挑战、进展和发展方向 [M]. 上海：上海财经大学出版社，2002.

② 迈克尔·迪曲奇. 交易成本经济学 [M]. 北京：经济科学出版社，1999.

农户在与企业的交易和竞争过程中，资产专用性、信息的不完全和非对称性以及外部性的存在，在农产品的生产和销售领域，使生产与销售过程中存在较高的交易费用时，就容易产生农村合作组织。

我国学者杨小凯（2000）、张永生（2005）将交易费用分为外生交易费用和内生交易费用。外生交易费用是指交易过程中直接或间接发生的交易费用，这些费用在交易之前就可以计算出来。内生交易费用是指由于道德风险、逆向选择和其他一些机会主义行为引起的费用，这些费用是不可预估的。降低外生交易费用可以通过交易辅助设施的技术进步来实现，而降低内生交易费用，则需要通过交易制度的安排、习惯的形成来实现。[①]

无论在理论上还是在实践上，农户无论与谁进行交易，交易费用都是不可避免的，交易费用与交易次数成正比。大多数专家都同意农村合作组织能够减少农户的交易费用的观点。农村合作组织减少交易费用可以用这样一个简单的模型表达出来：设有 X 个农户，都需要到 Y 个市场上去销售农产品一次，则交易的次数为：

$$N_1 = f_1(X, Y) = X \times Y$$

如果在农户和市场之间引入一个合作经济组织，则首先合作经济组织与 X 个农户进行交易，然后合作经济组织再到市场上进行交易，则交易的次数为：

$$N_2 = f_2(X, Y) = X + Y$$

构建函数：$F(X, Y) = N1 - NZ = X \times Y - (X + Y)$，分别对 X、Y 求偏导数，则：$F'(X) = Y - 1$；$F'(Y) = X - 1$，当 $X > 1$，$Y > 1$ 时，函数 $F(X, Y)$ 为增函数，而 $F(2, 2) = O$，所以当 $X > 2$，$Y > 2$ 时 $F(X, Y) > 0$，即：$X \times Y > X + Y$。由此表明：如果组织能够代表农户在市场上进行交易，则农户能够减少他的交易次数，从而减少交易费。

张五常（2002）认为，交易费用的存在产生以下三种可预料到的影响。首先，它们会减少交易量，因而会损害生产的经济专业化与资源的运用；其次，它们会影响资源利用的边际相等和资源利用的强度；最后，它们会影响合约安排的选择。[②]

3.1.2　交易成本降低的作用机理

武陵山片区特色农业发展中，由于农户的分散经营造成的组织化程度低下，交易成本高，而且很难产生规模数益。农民通过合作把一家一户的农民组织起

---

① 杨小凯. 新兴古典经济学和超边际分析［M］. 北京：中国人民大学出版社，2000.

② 张五常. 佃农理论［M］. 北京：商务印书馆，2002.

来，有效地提高了农民的组织化程度，改变了农民在市场上的弱势地位，有利于降低交易成本。一是信息收集成本，即收集市场信息，进行市场调研和分析的成本。单个农户由于生产规模小，单位产品平均信息成本往往很高。通过农业中介组织不仅会提高信息收集的规模效益，而且会提高信息的可信度和准确率，降低成本，提高收益。二是谈判成本。分散农户在与其他商家进行交易条件的谈判时，往往会出现农户间的恶性竞争损害自身的经济利益。而由合作经济组织与第三方进行谈判，不仅可以避免农户间的恶性竞争，而且可以整合农户中的优质谈判资源，使单个农户谈判的不利地位转换为有利地位，从而充分保护了农民的利益。武陵山片区分散的小农户因其规模小、素质低、实力弱，进入市场与交易对象进行谈判时双方的地位不平等，中间商很容易利用这一特点盘剥农户，迫使农户成为农产品低价出售的接受和农业生产资料高价销售的接受者。农业合作组织作为一个比较强势的整体参与市场交易时，则可增加农户在产品市场和要素市场讨价还价的能力，提高农户的地位，有效地抵御来自各方面对农户利益的不合理侵蚀，改善农户在市场中的不平等地位，形成农户利益的自我保护机制。

3.2　合作与合作剩余

3.2.1　合作剩余的含义

合作剩余是指合作者通过合作所得到的纯收益即扣除合作成本后的收益（包括减少损失额）与如果不合作或竞争所能得到的纯收益即扣除竞争成本后的收益（也包括减少损失额）之间的差额。它一般是通过市场交换中人们之间的诚信合作和商业信用实现的。在现代市场经济中的一切合作[①]所得都可以被视作为某种合作剩余。

3.2.2　合作剩余的形成

3.2.2.1　家庭经营与合作剩余

武陵山片区农户在原有的以家庭经营为主的模式下，受到土地产权制度、

---

① 包括交换、交易和合做生意（后者又包括雇用关系）。

劳动组织形式、政府与农户关系以及农民的传统观念和行为特点等的制约，要实现合作剩余，还存在很多制约因素，主要体现在以下三个方面：第一，农户与市场不对接。其原因：一是农户家庭承包经营体制下农户分散承包经营，从规模上来说不经济；二是生产过程中产前、产中、产后分离和严重脱节；三是地区封锁、行业封闭、信息不畅、农业生产不时出现"卖难买难"的低水平生产过剩，农民利益严重受挫。第二，专业化和规模不经济。农户一家一户的分散经营不仅规模不经济，而且劳动生产率的低下和以初级产品为主的小批量生产，过高的市场交易成本，直接导致农业经营的比较利益低下，缺乏市场竞争力，从而在客观上限制了农民进入社会化大市场的深度和广度，这种状况又大大压抑了农民扩大再生产的内在动力，引起农业投入不足。第三，信息、技术、资金等要素缺乏。国家投入能力不适应农业发展的需要。政府对农业投入的比例下降、绝对额有限，农业基础脆弱，比较效益低下，发展动力不足。

农业作为社会效益高而自身效益低的弱质产业，在现实发展中正面临着一些深层次的矛盾问题，使原有模式对实现合作剩余的制约，这些矛盾主要是：第一，农户小规模生产与大市场的矛盾。农业是市场风险大，自然风险多的风险产业，在我国农户家庭生产经营体制下，小规模同质性家庭生产普遍存在，农户分散生产，专业化水平低，市场信息不灵，生产带有很大的盲目性，生产结构的趋同使市场需求与生产经营难以适应。农产品价格周期性波动，使生产者、经营者、加工者、消费者皆受其害。同时，由于市场体系不健全，农产品流通渠道不畅，以及分散农户的组织化程度低，交易方式落后，致使农民在与其他经济主体的市场交易中，代价高昂，处于最为不利的地位。第二，农户经营规模狭小与实现农业现代化的矛盾。我国目前有2亿多个农户，户均耕地仅0.6公顷左右，这种超小型的生产规模对于推广先进的农业技术，采用现代先进的生产手段装备农业，提高劳动生产率有明显的制约作用，也不利于农民组织化、社会化程度的培育与提高。第三，农业社会效益与自身经济效益的矛盾。农业在相当程度上是社会效益高、经济效益低的弱质产业，因此农业的增产目标和农民的增收目标时常难以协调。特别是由于工农产品价格剪刀差的不断拉大，农业生产成本不断上升，收益率在持续下降，造成农业利益严重流失。在比较利益作用下，农业中的劳力、技术、资金、人才等生产要素必然向比较利益高的非农产业大量流动，使农业处于资源不断减少，投入严重不足、发展后劲乏力的困境中。第四，农业的专业化生产与社会化服务滞后的矛盾。目前农业推进专业化过程中所必需的信息、技术、资金、加工、销售等社会化服务明显滞后，有的服务组织行为不当，这不仅制约了农业的专业化进程，而且降低了农民参与市场竞争的能力，延缓了市场机制的发育。

3.2.2.2　市场环境与合作剩余

市场经济发展带来的合作剩余的机会。首先，市场经济的发展拓展特色农产品的消费群体，消费者对特色农业产品的多样化、深加工有更高的要求，这样，富有技术含量或者知名品牌农产品利润大大超过了普通初级农产品或初加工农产品。其次，随着中国经济国际化程度的提高，市场范围不断扩大，特色农产品的销售拓展到了国际市场。农户面临着更为广阔的市场机会，如果能够在竞争中占有一席之地，则意味着可能获得高额利润。若要参与国际市场农产品竞争，不仅要有良好的产品质量，同时还要符合严格的行业标准，这对于一般农户而言，又存在着相当的难度。因此，随着市场经济发展和中国经济国际化程度的提高，如果农户在农业技术、规模化生产、农业品牌、产品质量、行业标准等方面能够有所突破，则可以获得可观的收益，而对于以家庭承包制为基础的模式来说，要获得这种收益并不容易。由此可见，市场环境变迁不仅仅为农户带来了合作剩余的机会，也为农户获得合作剩余创造了一定的条件。

3.2.2.3　合作剩余的实现

农户通过合作加入农业产业化经营组织，实现合作剩余。农业产业化性质对农业经济组织隐含着重要的制度含义，并对经济组织形式选择产生内在要求。不同的产业内含的交易技术结构不同，从而决定产业的不同特性与组织形式选择的逻辑。一般来说，行为主体或企业家可以从多种方法中选择一种来组织生产，但这种选择既要考虑交易成本，又要考虑到组织成本，不同的经济组织形式在各自降低成本上，具有相对优势。农业产业化具有大规模、专业化和社会化生产的优势，通过公司组织销售和获取原料，使生产和市场的联系更加紧密、原料获取更加稳定，可以有效配置资源。与家庭承包制相比，农业产业化经营可以直接有效地推动农业适度规模经营的发展，为培植主导产业，突破行政区划界限，形成农产品生产基地创造了条件。而企业一开始运作，就把原有的单家独户的小规模经营，扩大到企业所覆盖和辐射的范围。从单纯的种养规模扩大到加工规模，形成聚合规模经营，产生聚合规模效益，合作剩余得以实现。借鉴牛若峰（1997）的分析①，这一过程通过图 3 - 1 表现出来。

---

① 牛若峰. 农业产业一体化经营的理论框架 ［J］. 中国农村经济, 1997（5）: 4 - 8.

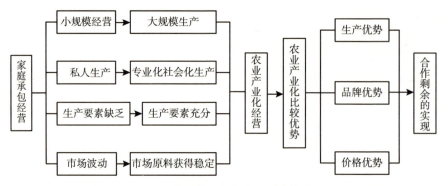

图3−1　农业产业化与合作剩余的实现

3.3　合作与农业风险

风险是社会和经济生活面临的一种常态，在几乎所有的经济领域内都会涉及风险问题，对风险的理解是研究问题的起点。1996 年，彼得·L·伯恩斯坦在《与上帝做对：风险的非凡经历》一书中写道："一个具有革命意义的看法是，对风险的掌握程度是划分现代和过去时代的分水岭：所谓对风险的掌握就是说未来不再更多地依赖上帝的安排，人类在自然面前不再是被动的。在人们发现跨越这个分水岭的道路之前，未来只是过去的镜子，或者只是属于那些垄断了对未来时间进行预测的圣贤和占卜者的黑暗领地"[1]。更早的时候，美国学者海恩斯于1895 年就给"风险"做了权威性的解释。他说："风险一词在经济学中和其他学术领域中并无任何技术上的内容，它意味着损害的可能性"。A. H. 威雷特于1901 年又做了进一步的阐释，指出："风险是关于不愿发生的某种事件的不确定性之客体体现"。由此可知，"风险"具有"不利性"，它一旦发生，就会对相关主体造成一定的损害。风险具有的隶属性、危害性和并协性，这其中危害性在三种属性中是决定性的，此即风险的本质属性。

风险一词已被广泛运用于经济学的各个领域。风险的基本含义是未来结果的不确定性（uncertainty）。但是，对这一基本概念，在经济学家、统计学家、决策理论和保险学者中间尚无一个适应于他们各个领域的一致公认的定义[2]。归纳起来主要有以下三种观点：一是风险是一种不确定性。不确定性是一种可能性，与

---

① ［美］Scott E. Harrington, Gregory R. Niehaus. 风险管理与保险 ［M］. 北京：清华大学出版社，2001：70 – 73.

② 顾孟迪，雷鹏等. 风险管理 ［M］. 北京：清华大学出版社，2005：3.

必然性相对立，其含义包括：发生与否不确定，发生的时间不确定，发生的对象不确定，发生的状况不确定，发生结果的程度不确定。持有这种观点的学者认为，某种行为能否产生有害的后果以其不确定性来界定，如果某种行为具有不确定性，那么其行为就反映了风险的负担。不确定性越大，承担的风险就越大。刘新立（2006）认为，风险是指客观存在的，在特定情况下、特定期间内，某一事件导致的最终损失的不确定性。① 美国经济学家奈特认为，风险指事物的发展在未来可能有若干不同的结果，但可以确定每种特定结果发生的概率，因此，风险是可以用概率方法定量计算的。二是风险是遭受损失的可能性。损失是指没有代价地消耗或失去，其发生与经济主体的人身或经济客体的财产有直接关系。这种关系可以表现为多个方面，或者说所"消耗或失去"的是多种多样的，如人身的、财产的、精神的、心理的等。作为风险管理的对象的"损失"来说，仅指人身或财产的消耗或失去。持有这种观点的学者认为，由于客观情况的变化和主观决策的失误，而使行为主体遭受损失的可能性即为风险，这种可能性越大，风险也就越大。三是风险是实际结果与预期的偏离。持有这种观点的学者认为，风险是人们因对未来行为的决策及客观条件的不确定性所引致的实际结果与预期目标可能发生的偏离，从而可能造成行为主体遭受损失或获取额外收益。可能产生的偏离程度越大，风险也越大。

风险本质上就是风险因素、风险事故和损失三者构成的统一体。由图3-2可以看出，损失概率和损失幅度均较低的为低风险，损失概率虽然很高，但结果轻微的也可以看作是低风险，损失概率和损失幅度均较大的则无疑是高风险，但对于损失概率较低，而损失幅度较大的风险，则依不同的具体情况有不同的解释，对如洪水灾害、特大地震等就被视为是高风险。

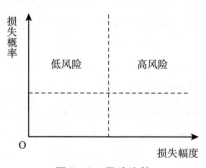

图3-2 风险比较

---

① 刘新立. 风险管理 [M]. 北京：北京大学出版社，2006：10.

风险因素（hazard）是促使或引起风险事故发生的条件，是风险事故发生的潜在原因，是造成损失的内在的或间接原因。根据其性质，通常把风险因素分成实质风险因素、道德风险因素和心理风险因素三种。实质风险因素（physical hazard）是指增加某一标的风险事故发生机会或扩大损失严重程度的物质条件，它是一种有形的风险因素；道德风险因素（moral hazard）是指与人的品德修养有关的无形的风险因素，常常表现为由于恶意行为或不良企图，故意促使风险事故发生或损失扩大；心理风险因素（morale hazard）是指由于人主观上的疏忽或过失，导致增加风险事故发生机会或扩大损失的程度，并非故意行为。风险事故（peril）又称风险事件，是指引起损失的直接或外在的原因，是使风险造成损失的可能性转化为现实性的媒介，也就是说风险通过风险事故的发生来导致损失的。损失（loss）是指非故意、非预期和非计划的经济价值减少或消失的事实。风险因素、风险事故、损失三者之间的关系是：风险因素引起风险事故，风险事故导致损失的发生，这种关系可以通过图 3-3 风险结构图加以说明。

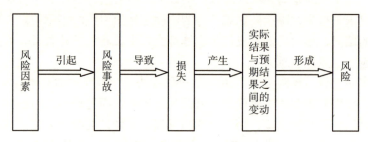

图 3-3 风险因素、风险事故、损失三者的关系

从风险因素和风险事故间的关系来看，风险因素只是风险事故产生并造成损失的可能性，风险因素只是引起损失的条件，并不直接会导致损失。风险因素的变化过程有时是容易被察觉的，有时则是不容易被人察觉的，风险因素增加到一定程度或者遇到某一特殊情况才会引起风险事故，导致风险事故引起损失。由此可以说，风险因素是产生损失的潜在原因，而风险事故是导致损失的直接原因。研究表明，第三种定义较能客观表达风险的内在属性，准确反映风险的本质特征。因为在人的有限理性假说前提下，人们对自己的行为结果是有预期的，当预期结果与实际结果完全一致时，即不可能发生偏离时，行为主体的行为过程是不存在风险的，只有当预期结果与实际结果可能发生偏离时，或有可能产生多种实际结果时，风险才会出现。而不确定性虽然与风险直接相关，但它只是引起预期结果与实际结果发生偏离的原因，并不是这一原因的结果，如果这一因果关系并不必然存在时，用不确定性界定风险在逻辑上就显得不够严密。第二种定义只注意到了风险的负面效应（风险损失）而忽略了风险的正面效应（风险收益），所以在理论上也是不完善的。①

本书采用第三种定义，并根据经济学和本书的规范，将风险重新定义为："在一定的客观环境和时期内，由于不确定性因素的存在和人们的有限理性，致使经济行为主体的预期收益与实际收益有可能发生的偏离程度。"从这一定义可认识到风险的主要特征：第一，风险是客观存在的，即不论人们是否意识到，也无论人们是否能准确估计出来其大小，风险本身是客观存在的，不随人的主观意志而转化；第二，风险是人类活动的结果，如果没有人类活动和预期，也就不存在风险；第三，风险是与特定的客观环境和时空条件相联系的，当这些条件发生变化时，风险也随之改变；第四，风险是潜在的损失或收益，而不是实际发生的损失和收益；第五，风险是可度量的，是预期收益与实际收益发生偏离的概率分布的期望值或标准差。

3.3.1 合作能降低自然风险

农业离不开自然界，它受着多种自然因素的强烈影响。农业是高风险低效益的弱质产业。农业生产经营经常遭受来自自然风险的威胁。农业自然风险是指由于自然界的某些突发事件给农业生产经营者造成损失的可能性。农业自然风险主要表现为气象灾害、病害和虫害三个方面，具体包括水灾、旱灾、风灾、地裂、雹灾、崩塌、滑坡、泥石流、海啸、森林火灾、虫灾、病灾等。武陵山片区平均海拔较高，气候恶劣，旱涝灾害严重，部分地区水土流失，石漠化现象严重，泥石流等自然灾害易发。农业自然风险产生源于自然灾害的发生，不具有人为的可控性，有时会对农业生产者造成毁灭性的打击。自然灾害发生后，会给农户造成直接或间接的经济损失。直接的经济损失表现为整个农业或某些农产品的减产或绝收，以及对农业基础设施的破坏；间接的经济损失表现为，农产品品质下降所引起的市场售价的降低。

3.3.2 合作能降低市场风险

市场风险不仅包括国内市场风险，也包括国际市场风险；不仅包括价格波动风险，还包括市场容量、消费者需求变化，以及运输和加工储藏过程中物质投入的供应完备与否等许多方面的风险。市场风险主要来自两个方面：一是由于信

---

① 李彬. 农业产业化组织契约风险与创新风险管理［M］. 成都：西南民族大学出版社，2011.

息、技术等方面的原因农产品不适销对路而造成损失。二是农产品供求失衡导致的价格波动对收益的冲击，从而带来的经济风险。因为，农业生产周期长，从农业生产者依据市场的价格信息对生产做出调整到产品的产出之间有较大的时间差，在这段时间内，产品的价格与需求可能已经发生较大的变化，就很难达到预期的收益，因此价格调节滞后是造成农业生产周期波动的根源。三是由于农产品质量安全方面的原因给消费者造成损害进而给农户带来损失。在流通领域，农产品具有鲜活易腐蚀性，必须要采取一些措施，才能保证其合乎质量要求地进入消费领域，否则可能因为质量问题，引发市场风险。再者，由于农产品在市场上的竞争力较低，如果片面追求产品数量，质量得不到快速提高，就会造成普通产品多优质产品少，低档产品多高档产品少的格局，使产品处于不利的市场竞争地位。

3.3.3 合作能降低技术风险

农业的技术风险是指农业技术运用的实际收益与预期收益发生背离的可能性。在农业领域，现代生物技术的发展不仅拓宽了传统农业的产品种类，而且降低了农业对自然资源的依赖，但农业技术的运用在带来收益和效率的同时，也隐含着巨大的风险。武陵山片区特色农业发展中的技术风险主要变现为农民因为文化素质低，对先进的农业技术要领把握不准，而给农业生产带来的损失。因为农业技术无论以知识形态存在还是以实物形态存在，其识别都要求农业技术的使用者具备一定的知识和技能，否则容易出现因为难以掌握技术要领而造成技术运用失败的情况。

3.4 合作与农业科技推广

农业科技是指应用于种植业、林业、畜牧业、渔业的科研成果和实用技术，包括良种繁育、施用肥料、病虫害防治、栽培和养殖技术，农副产品加工、保鲜、贮运技术，农业机械技术和农用航空技术，农田水利、土壤改良与水土保持技术，农村供水、农村能源利用和农业环境保护技术，农业气象技术以及农业经营管理技术等。

农民文化素质较低，吸纳新科技的能力差。由于在武陵山片区大部分农民的文化程度均处于初中以下水平，并且多数没有受过正规的农业技术技能培训，所具有的农业技术技能只是从父母口传身授的经验中得来的，普遍缺乏科学的农业知识和技能。由于文化水平较低，很多农民对于采用新技术的认识不够，他们会对采用新技术持观望态度。即使采用了新的农业科技，因受文化水平和技能的影响，也不能够很好的吸纳。在我国农民职业技术教育发展缓慢而科技迅速发展的今天，农业科技的创新推广普及尤其重要，只有让广大农民掌握了先进的农业科技知识和技能，达到科技致富，才能改变农村面貌。农户为获得好掌握农业生产技术需要同科技服务组织和农业企业进行合作。而农业合作经济组织则很好地承担了农业科技与农民"桥梁"作用。并且，与政府主导的技术推广不同，农业合作组织对农户的技术推广工作往往是示范式的，容易得到农民的认可和接受。

3.5 合作与农业生产服务

产前产后服务，是商品生产过程中不可缺少的物质技术基础。合作经营对于家庭生产而言，最基本的功能是提供农业产业化所需的产前、产后服务，核心是通过统一的购销服务，如搜集市场信息，从事市场运销、交易契约管理和资金融通等，使农产品由传统的简单交换向符合现代市场发展要求的"非人格化"交换转变，从而促进农业交易的标准化、规范化和规模化。合作经营的优势在于拥有生成这些服务功能的专用资产和能力，例如，在信息处理上具有规模效应，在应付产权界定不完全以及其他规避风险问题上能进行制度适应等。引入合作经营制度意味着对农业要素实现新的整合，改变整合前不利于农民的成本—收益结构。建立在交易规模经济性和专业性之上的购销服务，表明合作经营已经部分地替代了市场的作用，在一定范围内实现外部市场内部化，即通过合作组织内部较小的管理成本替换高昂的外部市场成本，增加农民收益。[①]

本 章 小 结

交易费用（成本）理论是新制度经济学的理论基石，是新制度经济学最具理论基础意义的范畴和分析工具。单个农户在特色农业生产过程中其交易成本很高，为降低农户的交易成本农户有进行合作的意愿。农户通过合作能够获得非合作所得到的合作剩余，作为"经济人"的农户有选择合作的动力。农户生产过程中始终伴随着风险，特色农业发展中单个农户面临主要风险有自然风险、市场风

---

① 朱广其，刘会同. 农户合作经营与农业产业化 [J]. 北京农业职业学院学报，2002（12）：31 –33.

险、技术风险等，风险的防范需要农户的合作。此外，农户产前、产后获得各类服务，获得和掌握先进的农业技术也需要农民的合作。因此，农户选择合作是因为农户的合作能降低交易成本、获得合作剩余、降低农业风险、获得技术服务等。

本章通过农户合作与交易成本、合作与合作剩余、合作与农业风险、合作与农业技术、合作与生产服务分析了农户合作的生成机理。

第4章

武陵山片区及其特色
农业发展状况

4.1 武陵山片区概述

4.1.1 武陵山片区规划范围

《武陵山片区区域发展与扶贫攻坚规划（2011~2020年）》中武陵山片区的规划范围依据连片特困地区划分标准及经济协作历史沿革划定，包括湖北、湖南、重庆、贵州4个省市交界地区的71个县（市、区）见表4-1。其中，湖北省11个县市（包括恩施土家族苗族自治州及宜昌市的秭归县、长阳土家族自治县、五峰土家族自治县）、湖南省37个县市区（包括湘西土家族苗族自治州、怀化市、张家界市及邵阳市的新邵县、邵阳县、隆回县、洞口县、绥宁县、新宁县、城步苗族自治县、武冈市，常德市的石门县，益阳市的安化县，娄底市的新化县、涟源市、冷水江市）、重庆市7个县区（包括黔江区、酉阳土家族自治县、秀山土家族苗族自治县、彭水苗族土家族自治县、武隆县、石柱土家族自治县、丰都县）、贵州省16个县市（包括铜仁地区及遵义市的正安县、道真仡佬族苗族自治县、务川仡佬族苗族自治县、凤冈县、湄潭县、余庆县）。国土总面积为17.18万平方公里。2010年末，总人口3645万人，其中城镇人口853万人，乡村人口2792万人。境内有土家族、苗族、侗族、白族、回族和仡佬族等9个世居少数民族。

表 4-1   武陵山片区行政区域范围

省（市）	地（市、州）	县（市、区）
湖北省（11 个）	宜昌市	秭归县、长阳土家族自治县、五峰土家族自治县
	恩施土家族苗族自治州	恩施市、利川市、建始县、巴东县、宣恩县、咸丰县、来凤县、鹤峰县
湖南省（37 个）	邵阳市	新邵县、邵阳县、隆回县、洞口县、绥宁县、新宁县、城步苗族自治县、武冈市
	常德市	石门县
	张家界市	慈利县、桑植县、武陵源区、永定区
	益阳市	安化县
	怀化市	中方县、沅陵县、辰溪县、溆浦县、会同县、麻阳苗族自治县、新晃侗族自治县、芷江侗族自治县、靖州苗族侗族自治县、通道侗族自治县、鹤城区、洪江市
	娄底市	新化县、涟源市、冷水江市
	湘西土家族苗族自治州	泸溪县、凤凰县、保靖县、古丈县、永顺县、龙山县、花垣县、吉首市
重庆市（7 个）		丰都县、石柱土家族自治县、秀山土家族苗族自治县、酉阳土家族苗族自治县、彭水苗族土家族自治县、黔江区、武隆县
贵州省（16 个）	遵义市	正安县、道真仡佬族苗族自治县、务川仡佬族苗族自治县、凤冈县、湄潭县、余庆县
	铜仁地区	铜仁市、江口县、玉屏侗族自治县、石阡县、思南县、印江土家族苗族自治县、德江县、沿河土家族自治县、松桃苗族自治县、万山特区

4.1.2 武陵山区历史沿革

"武陵"作为行政区划的名称始于汉代。《汉书·地理志》载："武陵郡，高帝置。"《中国古今地名大辞典》在解释"武陵郡"时说："汉置，治义陵，在今湖南溆浦县南三里。后汉移至临沅，在今湖南常德市西。隋初废，寻复置移今常德县治。唐置朗州，寻仍曰武陵郡，后又为朗州。宋曰朗州武陵郡，寻废。"《辞海》在释"武陵"词条时说：郡名，汉高帝置。治所在义陵（今湖南溆浦南）。辖境相当今湖北长阳、五峰、鹤峰、来凤等县，湖南沅江流域以西，贵州东部及广西三江、龙胜等地。东汉移治临沅（今湖南常德市西），其后辖境逐渐缩小，隋开皇九年（589 年）废。大业及唐天宝、至德时又曾改朗州为武陵郡。延至宋以后，"武陵"作为行政区划的名称再未出现于文献中，元朝开始施行行省制度，历史上的"武陵郡"划归于湘、鄂、川、黔四省管辖，于是"武陵"被湘、鄂、渝、黔边区所代替。

新中国成立之后，国家实行民族区域自治，重视帮助少数民族进行民主改革和社会主义改造，扶持民族地区发展经济，使武陵山各民族地区贫困落后的面貌发生了很大变化，广大少数民族群众的生产、生活条件有了较大改善。武陵山区经济经过了恢复时期和发展时期，国家在实行民族区域自治的同时，根据不同民族特点和地区实际，采取不同的方式和政策进行民族改革和社会主义改造，废除了束缚民族地区经济发展的旧制度，解放了社会生产力，与此同时，中央政府在各个方面采取财政扶持政策，使武陵山区经济得到了迅速恢复和发展。①

4.1.3　武陵山片区区域特色

武陵山片区通常是贫困的落后地区，贫困地区在经济发展过程中，往往片面追求经济高速增长，而忽视经济发展内涵的其他方面，这样做的后果是带来许多经济生活中的不安定因素。作为发展中国家内相对落后的少数民族地区，武陵山片区要获得经济社会的整体进步，必须注重社会、经济、制度、文化、生态、环境等各方面子系统全面综合的进步，努力走出一条可持续发展的道路。

而从系统的角度看，武陵山片区经济是我国国民经济大系统中的一个子系统，它具有历史的延续性、地域的差异性、行政的管辖性、经济的统筹性，并具有政治、经济、文化、外交、公共服务、社会服务等综合能力。在长期经济社会发展中形成了鲜明的区域特色，表现如下：

第一，综合性。武陵山片区是集政治、经济与社会功能于一体的国民经济基本单位。从经济构成来看，存在第一、第二、第三产业部门，有农、工、商、运、建、服、科、教、文等多种多样的经济活动。既有企业、农户，又有公共部门事业单位等不同的活动主体。正所谓，"麻雀虽小，五脏俱全"。

第二，地域性。由于受历史、地理、民族、自然条件等因素影响，各民族区、县的资源、产业、产品各具特色，具有区域特点。

第三，中观性。武陵山片区经济作为我国国民经济一个基本层次，上联省市，下联乡村，具有中观经济的特点。

---

① 赵显人. 西部大开发与民族地区经济社会发展研究［M］. 北京：民族出版社，2001.

第四，差异性。武陵山片区幅员比较辽阔，各民族区、县的自然条件、社会条件都不一样，并且经济发展水平也不一样，县际发展不平衡，资源也存在很大差距，属于经济贫困的地区，其总体发达程度远低于全国平均水平。

第五，开放性。尽管武陵山片区经济处于相对落后状态，但那里有丰富的自然资源、相对廉价的劳动力和良好的自然环境，具有明显的后发优势，这是扩大对内对外开放的有利条件，并且片区经济与所在的省内外其他地区经济有着千丝万缕的关联，它们在发展过程中，与相关地区进行物质、能量、信息的交换，存在着互为发展的环境和条件。①

4.1.4 武陵山片区地貌气候资源

武陵山片区是我国三大地形阶梯中的第一级阶梯向第二级阶梯的过渡带，位于北纬 27°10′~31°28′，东经 106°56′~111°49′，是云贵高原的东部延伸地带，平均海拔高度在 1000 米左右，海拔在 800 米以上的地方占全境约 70%。武陵山脉贯穿黔东、湘西、鄂西、渝东南地区，长度约 420 千米。武陵山脉是乌江、沅江、澧水的分水岭，主脉自贵州中部呈东北—西南走向，主峰梵净山高 2494 米。该地区气候属亚热带向暖温带过渡类型，平均温度 13℃~16℃，降水量 1100~1600 毫米，无霜期 280 天左右。

武陵山片区境内有乌江、清江、澧水、沅江、资水等主要河流，水能资源蕴藏量大。土地资源丰富。矿产资源品种多样，锰、锑、汞、石膏、铝等矿产储量居全国前列。旅游资源丰富，自然景观独特，组合优良，极具开发潜力。区内森林覆盖率达 53%，是我国亚热带森林系统核心区、长江流域重要的水源涵养区和生态屏障。生物物种多样，素有"华中动植物基因库"之称。②

4.1.5 武陵山片区基础设施

基础设施建设取得明显进展。渝怀、枝柳等铁路，沪昆、渝黔、渝湘等高速公路，张家界、黔江、铜仁等机场，以及规划和建设中的渝利、黔张常高速和沪昆客运专线等跨区域重大交通项目，初步构筑起武陵山区对外立体交通大通道，具备了一定发展基础和条件。但总看来，基础设施薄弱，市场体系不完善。片区内主干道网络尚未形成，公路建设历史欠账较多，水利设施薄弱且严重老化，电

① 赵遴. 武陵山民族地区经济发展的战略对策研究 [D]. 重庆大学，2007.
② 《武陵山片区区域发展与扶贫攻坚规划 (2011~2020 年)》。

力和通信设施落后。有 47 个乡镇不通沥青（水泥）路，占乡镇总数的 3.41%；9271 个行政村不通沥青（水泥）路，占行政村总数的 40.25%；7790 个村没有完成农网改造任务，占行政村总数的 33.82%。区内仓储、包装、运输等基础条件差，金融、技术、信息、产权和房地产等高端市场体系不健全。产品要素交换和对外开放程度低，物流成本高。①

4.1.6　武陵山片区经济社会事业

2001～2010 年，片区地区生产总值和财政收入分别增长 3.57 倍和 3.73 倍，城镇和农村居民收入分别增长 2.34 倍和 2.36 倍，金融机构存、贷款余额分别增长 5.92 倍和 3.6 倍。第一、第二、第三产业结构比例由 35∶30∶35 调整为 22∶37∶41，城镇化率由 16% 增长到 28%。基础设施建设取得明显进展。渝怀、枝柳等铁路，沪昆、渝黔、渝湘等高速公路，张家界、黔江、铜仁等机场，以及规划和建设中的渝利、黔张常高速和沪昆客运专线等跨区域重大交通项目，初步构筑起武陵山区对外立体交通大通道，具备了一定发展基础和条件。②

2010 年，农民人均纯收入 3499 元，仅相当于当年全国平均水平的 59.1%。按照国家统计局测算结果，2009 年农民人均纯收入低于 1196 元的农村贫困人口 301.8 万人，贫困发生率 11.21%，比全国高 7.41 个百分点。《中国农村扶贫开发纲要（2001～2010 年）》实施期间，武陵山片区共确定 11303 个贫困村，占全国的 7.64%。片区 71 个县（市、区）中有 42 个国家扶贫开发工作重点县，13 个省级重点县。部分贫困群众还存在就医难、上学难、饮用水不安全、社会保障水平低等困难。③

武陵山片区第一、第二、第三产业结构比例由 35∶30∶35 调整为 22∶37∶41，城镇化率由 16% 增长到 28%。④ 但片区经济发展水平低，特色产业滞后，与全国 10∶47∶43 相比，第一产业比例明显偏高。片区人均地区生产总值只有 9163 元，明显低于全国平均水平。城镇化率比全国平均水平低 20 个百分点。缺乏核心增长极，缺乏具有明显区域特色的大企业、大基地，产业链条不完整，没有形成具有核心市场竞争力的产业或产业集群。生态环境脆弱，承载能力有限。片区平均海拔高，气候恶劣，旱涝灾害并存，泥石流、风灾、雨雪冰冻等灾害易发。部分地区水土流失、石漠化现象严重。土壤瘠薄，人均耕地面积为 0.81 亩，是全国平均水平的 60%。发展与生态保护矛盾尖锐，产业结构调整受生态环境制约大。

---

①②③④　《武陵山片区区域发展与扶贫攻坚规划（2011～2020 年）》。

武陵山片区社会事业。教、科、文、卫等社会事业得到长足发展。全面实现"普九",2010 年,7～15 岁适龄儿童在校率达到 97.65%,成人文盲率下降到 2.2%;每万人专业技术人员数达到 133.6 人,科技攻关、科技成果转化率不断提高;卫生医疗条件逐步改善,每万人有医护人员 10.18 人,拥有病床 12.85 张,所有乡镇都设立了卫生院,77.7% 的村建立了村级卫生室,新型农村合作医疗参合率达 89.73%;农村低保覆盖面逐步扩大,2010 年全区共有 251.73 万人享受低保。① 但社会事业发展滞后,基本公共服务不足。教育、文化、卫生、体育等方面软硬件建设严重滞后,城乡居民就业不充分。人均教育、卫生支出仅相当于全国平均水平的 51%。中高级专业技术人员严重缺乏,科技对经济增长的贡献率低。

4.2 武陵山片区特色农业状况

因为武陵山区气候特点,其农产品与平原地区的同种产品有时令差,且污染少,应以绿色食品、有机食品的生产开发为重点。区域内的茶、果、蔬、药等非常有特色且富含营养矿物质。可利用这些优势形成国内、国际的农产品竞争优势,促进地区绿色产品发展。综合分析武陵山区的产业优势和市场前景,在武陵山区大力发展茶、畜、果、菜、药等农副产品开发为重点的绿色食品产业,并可同围绕生态文化内涵开发生态旅游、休闲旅游产业等绿色产业以带动其他绿色产业做大做强。

武陵山片区不仅生态未受到破坏,同时由于独特的自然气候、海拔、土壤等综合因素孕育了许多具有经济价值的植物资源,有久负盛名的黄柏、党参、天麻等名贵中药材,富有开发前景的青蒿、金银花、白术、银杏等天然药源植物,石柱黄连、姜黄、湖北恩施的"云雾春"和湘西古丈的"毛尖茶"、秀山的"钟灵毛尖茶"等经济植物多达 3000 种。②

4.2.1 武陵山片区特色农业基地

《武陵山片区区域发展与扶贫攻坚规划(2011～2020 年)》指出大力发展特色高效农业。加快推进区域性特色农林产品基地建设,实施一批重大特色农林业

---

① 《武陵山片区区域发展与扶贫攻坚规划(2011～2020 年)》。
② 陈再祥. 共谋、共识与共赢:对武陵山区经济发展战略思考 [M]. 重庆出版社,2012:4.

项目，建设一批特色农林产品标准化良种繁育基地。抓好"节粮型"特色畜产品养殖基地建设。大力发展中药材种植，建设一批符合中药材生产质量管理规范（GAP）的生产基地。

专栏 4-1

特色农业基地

1. 油茶基地。黔江、彭水、石柱、酉阳、秀山、丰都、来凤、咸丰、鹤峰、恩施、宣恩、长阳、五峰、慈利、永顺、绥宁、邵阳、溆浦、沅陵、辰溪、中方、涟源、安化、会同、洪江市、麻阳、泸溪、江口、石阡、松桃、铜仁、万山、玉屏、湄潭、凤冈、余庆、正安、道真、务川等油茶基地

2. 茶叶基地。武隆、酉阳、秀山、印江、江口、松桃、道真、务川、古丈、沅陵、安化等地高山茶；保靖、利川、宣恩、鹤峰、巴东、恩施、利川、建始、秭归、五峰、长阳、凤冈、沿河、新化、洞口、桑植、慈利、会同、溆浦等地的富硒茶基地；石阡苔茶、江口藤茶、湄潭绿茶、正安白茶、余庆苦丁茶等特色茶叶基地

3. 蚕茧基地。黔江、武隆、丰都、石柱、巴东、来凤、长阳、龙山、沅陵、溆浦、正安、务川等优质蚕茧基地

4. 烤烟基地。黔江、酉阳、武隆、丰都、彭水、建始、利川、鹤峰、巴东、咸丰、恩施、宣恩、秭归、五峰、来凤、龙山、中方、会同、新宁、思南、石阡、印江、德江、沿河、务川、正安、道真、湄潭、凤冈、余庆、慈利、桑植、隆回、邵阳、新晃、靖州、芷江等优质烤烟基地

5. 高山蔬菜基地。黔江、武隆、石柱、丰都、彭水、秀山、恩施、鹤峰、利川、宣恩、建始、巴东、咸丰、长阳、五峰、龙山、凤凰、保靖、城步、隆回、绥宁、通道、永定、桑植、辰溪、溆浦、洞口、务川、正安、道真、湄潭、凤冈、余庆、铜仁、德江、江口、印江、思南等高山蔬菜基地

6. 魔芋基地。印江、松桃、巴东、鹤峰、恩施、咸丰、建始、长阳、五峰、古丈、隆回、麻阳、桑植、彭水、石柱等魔芋基地

7. 柑橘基地。乌江、清江、沅水、澧水、资水流域柑橘产业带

8. 中药材基地。铜仁、江口、玉屏、石阡、思南、印江、德江、沿河、松桃、万山、务川、正安、道真、湄潭、凤冈、余庆、石柱、秀山、酉阳、彭

水、武隆、利川、恩施、建始、鹤峰、咸丰、巴东、宣恩、长阳、五峰、隆
回、桑植、慈利、龙山、黔江、印江、江口、松桃、石阡、沅陵、通道、靖
州、溆浦、中方、会同、辰溪、新邵、安化、永定区、古丈等特色中药材
基地

9. 干果基地。黔江、彭水、武隆、丰都、酉阳、秀山、恩施、利川、建
始、巴东、宣恩、咸丰、来凤、秭归、五峰、长阳、正安、靖州、会同、保
靖、凤岗、湄潭、沅陵、通道、石门、铜仁、江口、玉屏、石阡、思南、印
江、德江、沿河、松桃、万山、务川、正安、道真、湄潭、凤冈、余庆等核
桃、板栗基地

10. 肉类基地。石柱、酉阳、秀山、武隆、彭水、黔江、恩施、来凤、
利川、咸丰、建始、巴东、鹤峰、秭归、永顺、龙山、慈利、洪江、辰溪、
芷江、溆浦、新晃、邵阳、余庆、新化、通道、洞口、永定、桑植、铜仁、
江口、玉屏、石阡、思南、印江、德江、沿河、松桃、万山、务川、正安、
道真、湄潭、凤冈、宣恩、长阳、五峰、新宁、城步、安化、石门、涟源、
吉首、泸溪、凤凰、古丈、花垣、保靖、沅陵、靖州、会同、麻阳、鹤城、
中方、丰都等绿色环保生态型牛羊、生猪、禽畜等基地。丰都节粮型肉牛养
殖基地

11. 优质楠竹基地。江口、思南、印江、德江、沿河、松桃、万山、正
安、道真、湄潭、凤冈、余庆等楠竹基地

资料来源：《武陵山片区区域发展与扶贫攻坚规划（2011～2020年)》。

4.2.2 重庆武陵山片区特色农业发展状况

4.2.2.1 重庆武陵山片区的中药产业

重庆武陵山片区特色农业主要是中药材。包括石柱、酉阳、秀山、黔江、彭
水等区县。主要中药材有：黄连、青蒿、白术、天麻、杜仲、半夏、银花、冬花
等。著名的地道药材有：石柱的黄连，酉阳的青蒿、吴茱萸，彭水的半夏，酉阳
和秀山的白术、金银花等。石柱黄连的产量约占全国黄连总产量的60%，石柱
县是全国闻名的"黄连之乡"。石柱黄连于2006年获得了"国家地理标志"产
品称号（标准代号为 GB/T20358－2006)，2009年通过了《中药材生产质量管理
规范》（GAP）认证检查。目前，石柱黄连的在地面积达5万亩，每年采收、轮

栽 1 万亩，平均年产量 2000 吨左右。石柱全县拥有宜连土地面积 70 多万亩，其中最适宜种植黄连的土地面积 43 万亩，主要分布在黄水高原和七曜山中山区。目前，全县共有 19 个乡镇和 6 个生产企业种植黄连，其中 16 个乡镇的 79 个村及居委、278 个组和 6 个生产企业的 49 个黄连专业生产队为黄连 GAP 种植基地，连农和企业连工总人数达 3 万之众；全县中药材干品产量 5 万吨左右，产值 5.5 亿元；其中黄连产量 2500 吨，占全国的 60% 以上和世界的 40% 以上，单品种产值 2 亿元以上①。

　　2004 年，重庆市政府在酉阳推广种植青蒿。2005 年，酉阳县青蒿种植基地通过 GAP 认证，种植面积不断扩大。当年因为青蒿素生产原料供不应求，蒿草价格看涨，由 6 元/千克涨到 12 元/千克。2006 年种植面积达到 15 万亩，由于黄河以南九省一市大量种植青蒿，蒿草价格狂跌到 4.5 元/千克。这个价格只是 2005 年同期的一半左右，产生了"蒿贱伤农"的现象。此后，酉阳青蒿沉寂了三年。2010 年，青蒿价格回暖，达到 8 元/千克的高价位，各商家开始在酉阳哄抢蒿草。由于缺乏保障机制，公司和农户合作存在着信誉问题，主要表现在两个方面：一方面，当市场供不应求时，农户把青蒿高价卖给外地商人，不卖给合作公司；或者交售给公司的青蒿质量差，少数农户甚至故意掺假，质量达不到合同要求，损害公司利益。如 2006 年 8 月 25 日收购青蒿 1000 吨，经质检退回处理 230 吨。另一方面，当青蒿市场疲软时，公司联系人失踪，不收购青蒿；或者大幅压价收购，造成"蒿贱伤农"现象。如 2007 年，市场行情变化后，公司收购青蒿均价仅为 3.77 元/千克，而合同约定价格 6 元/千克，该价格仅为约定合同价格的 62.8%。人工种植青蒿过程中，在专家的试验地里种植的青蒿，亩产达到 180 千克干叶，蒿叶中的青蒿素含量达到 10‰ 以上。可是，在酉阳县种植基地推广种植的 3000 亩人工青蒿，亩产干叶最高只有 120 千克，蒿叶中青蒿素的含量也仅为 6‰。收购价格因此下降，使得农民种植青蒿的积极性大大降低。三峡库区青蒿产业具有很大的开发潜力，在青蒿市场逐渐好转的形式下，抓住机遇，应用合理的发展模式，采取适当措施，在正确政策的指引下，让青蒿产业持续、快速和健康发展，为三峡库区产业发展做贡献②。

　　秀山县金银花不仅仅是清热解毒的茶，还是抗炎解毒、凉血止痢、疏热散邪的中药。自 2000 年第二次人工规模种植银花以来，到目前为止，全县金银花基地面积累计达 30.1 万亩，规模位居重庆市第一，为西部最大和全国第二。2010

---

① 崔学龙. 石柱黄连产业化发展的制约因素与对策研究 [J]. 产业与科技论坛, 2015 (6)：31 – 32.

② 秦趣，冯维波. 三峡库区青蒿产业化经营模式与对策研究——以酉阳县为例 [J]. 国土与自然资源研究, 2012 (2)：84 – 86.

年全县 25 个种植银花的乡镇有 18 个乡镇的银花进入产花期，鲜花总产量达 21368 吨，其中"渝蕾一号"5465 吨，占鲜花总产量的 25.58%，灰毡毛忍冬 15903 吨，占鲜花总产量的 74.42%，与 2009 年相比鲜花总产量增加 7522 吨，增长 54.33%。全县花农总收入实现 2.56 亿元，每户平收入 4266 元。秀山县金银花的品牌建设初见成效。一是通过与重庆市农畜产品交易所合作，秀山县金银花已于 2010 年 11 月进行了金银花远期模拟交易，将于 2011 年 1 月正式上市交易。二是与中药材天地网合作，建立了金银花基地面积、品种、产量、需求量、价格、走动情况、库存数据库，构建了金银花生产发展预见平台，同时，与中药材天地网达成了合作协议，结合秀山县物流园区建设，共同打造武陵山中药材仓储物流中心，商务信息中心和配送交易中心。三是 2010 年 5 月，经过中国药文化研究会、中国道地药材文化建设工程组织委员会的专家组评定，秀山县被认定为中国金银花药材产业之乡。四是开通了秀山金银花网。五是申报了"秀山银花"地理商标。六是成立了秀山金银花专业协会，协会会员单位 59 家①。

4.2.2.2　重庆石柱辣椒

石柱土家族自治县位于重庆市东部长江南岸，三峡库区腹心地带，是西南地区最大的辣椒种植基地县。石柱辣椒种植基地以三益、悦崃为中心，涉及悦崃、三益、龙沙、大歇、南宾、下路、三星、三河、马武、黄鹤、鱼池、王家、临溪、石家、河嘴等 15 个乡（镇）。

石柱县辣椒种植的历史较长，清宣统元年（1909 年）以前就有种植辣椒的记载②："番椒俗名海椒，分为青红二种，越小则越辛辣。惟山后所产一种倍大于常，俗名菜海椒，味甜淡皮厚，有红黄青绿各色"。石柱县辣椒生产有着较好的基础，农民有丰富的辣椒种植经验。由于良好的地理环境和丰富的栽培经验，使石柱生产的辣椒色价高、辣味足，表现出良好的品质，在 20 个世纪 50 年代就已出口斯里兰卡、韩国等国，并且已经注册"三益"牌商标，是全国首枚以辣椒为名的注册商标③。2010 年，石柱县 23 个辣椒生产基地乡镇落实辣椒种植 30 万亩，良种覆盖面达 100%，每亩平均单产提高 100 千克以上、每亩平均增收 200 元以上，实现年产辣椒 25 万吨、椒农收入 3.5 亿元；实现辣椒加工与销售产值 2 亿元。2000 年石柱县县委、县政府紧扣"绿色为本，特色为体"的发展思路，着力"小辣椒"发展，并按照"市场 + 龙头企业 + 专业合作社 + 基地 + 农户"

① 黄昌银. 秀山金银花产业发展情况 [J]. 农家科技，2011（6）：51 - 52.
② 刘青云. 石柱乡土志·第三册 [Z]. 渝城印刷处正蒙社印. 宣统元年刻本 1909：133.
③ 熊正贤. 武陵山区农业产业化模式的经济学分析及现实选择——以重庆石柱县辣椒产业为例 [J]. 长江师范学院学报，2008（7）：53 - 55.

发展模式实施产业扶贫，使辣椒迅速成为县域特色支柱产业。石柱县辣椒产业从产前选种育种、产中的技术指导到产后的辣椒加工、市场销售的产业链已初步形成。

4.2.2.3　重庆秀山特色农业

秀山地处渝东南边陲，武陵山脉腹地。东北至西南长 89 公里，西北至东南宽 49 公里，辖区面积 2450.25 平方公里，边境线长 320 公里。地理坐标介于北纬 28°9′43″~28°53′5″，东经 108°43′6″~109°18′58″之间，国道 319 线和 326 线在县城呈"T"形交汇，县城是国道 326 线的起点。渝怀铁路、渝湘高速公路在县城东北角呈"十字"形相交。清乾隆酉阳知州，诗人章恺曾赋诗曰："蜀道有尽时，春风几处分，吹来黔地雨，卷入楚天云，城廓都无恙，鼓鼙今不闻，此邦真秀发，蔚起见人文。"形象地描绘了秀山与湘黔之间互为犬牙的地理位置和地貌特点。截至 2011 年末，全县辖 3 个街道、18 个镇、6 个乡。全县总人口 63 万人，少数民族人口 32.88 万人，其中，土家族 26.69 万人、苗族 6.19 万人，少数民族人口占总人口的 52.2%①。

（1）秀山土鸡。土鸡一般是指放养在山野林间、果园等的地方品种鸡。土鸡具有耐粗饲、耐粗放管理、抗病力强等特性。土鸡肉、蛋品质优良、营养丰富，市场前景广阔，对具备一定条件的农户，土鸡的饲养成本较低，适合家庭养殖，所以土鸡产业逐渐成为山区生态畜牧业的一大亮点。秀山土鸡产于武陵山区，主产区在秀山土家族苗族自治县。秀山土鸡生长较慢、性成熟较早，具有外观美丽、肌肉坚实、鸡味浓郁、鲜美可口等特点。母鸡羽毛以麻黄色或浅黄色为主，羽毛致密紧贴，羽色光亮；公鸡羽毛为红棕色或棕色，单冠直立，体躯较窄长，头小清秀，颈长，皮薄，呈白色或灰色，脚细长，胫呈白色或灰色，脚趾细长，爪锋利呈锯状。成年公鸡体重 1.5~1.8 千克，母鸡 1.4~1.5 千克。母鸡开产日龄为 145~160 天，年产蛋 150~180 枚，蛋重 38~45 克，蛋壳颜色为纯白色或粉色。2008 年秀山县启动土鸡产业发展，2009 年全县出栏土鸡 505 万只，2010 年，全县出栏土鸡 655 万羽，年末存栏 241.5 万羽。目前，全县养殖户达 10 万多户，其中，存栏 500 只以上的规模养殖户 2507 户。同时组织成立农民土鸡养殖专业合作社 28 家，建立了以秀山鲁渝禽业有限公司为主的秀山土鸡种禽场，种鸡存栏 8 万余只。建成妙泉乡小浩村、隘口镇新院村和官庄镇新庄村三个"秀山土鸡"养殖示范园，成功申报了"秀山土鸡"地理标识，注册"武陵山秀山土鸡""渝东南秀山土鸡"商标，制定"秀山土鸡"防伪标识，秀山县被认定为

---

① 《边城秀山》编委会编. 边城秀山 [M]. 重庆：重庆出版社，2013.

"重庆市无公害土鸡产地县"。为了实现土鸡产业的快速发展，秀山县政府出台了大量政策，支持企业、农户发展土鸡生产。落实金融扶持，按照"农户申请、小额信贷"的模式，解决资金投入的不足，扶持发展养鸡产业，每年整合资金1200万元，建立产品回收监督机制、风险保障基金，实行小额信贷政府贴息或奖励政策。同时，建立防疫和抗风险基金，用于补贴养殖户因疫病或不可抗力等意外灾害和市场价低于成本价格时造成的重大损失；适当补贴防疫物资所需经费，把疫病风险降到最低；积极动员和引导保险部门对养殖户实施保险。政府还帮助开拓市场、提升秀山土鸡的品牌知名度①。

（2）秀山茶叶。秀山茶叶历史悠远，特别是钟灵平夕茶"口含铜钱而化"成为清代皇家的茶之贡品，并有"斗米换斤茶""此茶治百病"之说。2005年，该县茶叶种植发展到约2.5万亩，茶叶产量约0.9万吨。可就在当年，秀山茶叶产业遭遇严冬。由于当地群众受传统观念影响，加工工艺粗糙，产品滞销，半成品积压，一部分茶农干脆就让鲜茶叶烂在地里，整个产业链条受到冲击。如何依托钟灵平夕茶叶的独特优势，抢抓历史机遇，把茶叶产业发展成为秀山县经济发展的重要支柱，让秀山茶"香"飘全国，县委、县政府把任务交给了政协。从2006～2011年，县政协开展了系列调研、视察、座谈和咨询论证，围绕"消费受欢迎，产品有市场，企业有效益，农户有收成"建设茶叶产业链核心，先后向县委、县政府提交了《促进茶叶企业提档升级，实现规模化、集约化、科技化、品牌化》《实行保护价订单收购，保护农民种植积极性》《制定茶叶产业中长期规划的建议》等调研报告、提案和社情民意信息等50余篇。县委、县政府及时研究采纳，陆续出台支持鼓励企业兼并重组和技术改造，重点龙头企业培育和产品品牌支持奖励，建立专项科研基金和良种繁育体系，扶持奖励专业合作社等新型农业产业化合作组织等一系列具体政策措施。从此，秀山茶叶产业规模由小变大，产业化培育建设由弱变强，产业链条实现了散乱向紧密完整的演变。截至2015年底，该县茶叶种植面积达到了7万亩，形成了"钟灵""鼎元""钟灵毛尖""秀山春茶"等40多个品种。茶农代表普遍反映：留守在家管护茶园的大多数都是"三八""六一""九九"部队，他们无能力按照高标准要求去管护茶园和采摘鲜叶，严重影响茶叶产量和质量；茶园管护成本逐年提高，管理跟不上，缺乏激动机制。针对茶农提出的问题，调查组抛出"让茶农以土地流转形式，采用'基地＋公司＋品牌＋市场'的发展方式"等建议。经过土地流转后，茶农按照公司要求科学管护茶园，按照技术要求进行采摘卖给公司。原来每亩采

---

① 林立强，廖灿青，肖兵，等. 秀山土鸡产业发展现状及存在问题［J］. 中国畜禽种业，2011，7（6）：130－132.

鲜叶 100 千克，卖价每斤 4 元，每亩 800 元。土地流转后，每亩采鲜叶 125 千克，卖价每斤 30 元，每亩 7500 元，每亩增收 6700 元。至此，茶农对种植茶叶和茶园管护更投入，信心也更足了。根据县委批转县政协 2016 年度协商工作意见，秀山县政协 2016 年围绕"完善高山生态茶产业链"开展协商。县政协将通过持续助推，让秀山茶"香"飘全国[①]。

（3）秀山高端猕猴桃。秀山县打造重庆市高端猕猴桃基地取得重要突破。一是种植基地达到 3.7 万亩，其中，种苗基地 100 亩、科技示范园 100 亩。二是通过土地入股模式组建新型农村专业合作社 30 个，带动 5600 余农户通过土地流转、入股分红和基地务工实现万元增收。三是首个 1.8 万吨猕猴桃冷藏库项目即将投用，年产 10 万吨生物有机肥项目建设顺利。四是成功开发第三代高端猕猴桃，2000 亩核心基地取得国家有机食品基地认证和猕猴桃产品有机食品认证，"信祥"牌红阳猕猴桃被授予"中华名果"称号。五是与全球第二大鲜果供应商德国尤尼维克德福美集团成为合作伙伴，2011 年采收的 50 万千克猕猴桃实现订单收购。六是重庆信祥生态农业公司取得海关出口登记证书和基地备案登记证书，即将取得直接出口资质，高端猕猴桃有望成为秀山首单创汇农业产品[②]。

专栏 4 - 2

中国重庆武陵山中药材产业发展研讨会在秀山举行

为充分利用武陵山区丰富的中药材资源，促进武陵山区中药材产业发展，2013 年 11 月 7 日下午，中国重庆武陵山中药材产业发展研讨会在秀山举行。

研讨会上，县委副书记、县长王杰在会上致辞。他说，秀山地处武陵山腹地，有着良好的自然生态环境和较为丰富的中药材自然资源，境内药用植物种类有 1270 种，达国标、省标的 268 种，重点药材有银花、白术、天冬等品种。

《武陵山片区区域发展与扶贫攻坚规划（2011～2020 年）》，将中药材产业作为武陵山片区区域发展和扶贫攻坚的重点产业进行规划。《重庆市医药产业振兴发展中长期规划（2012～2020 年）》将秀山金银花纳入全市"五园七

---

① 姚建国. 让秀山茶"香"飘全国［N］. 重庆政协报，2016 - 04 - 26 (2).
② 秀山县打造重庆市高端猕猴桃基地取得重要突破［J］. 南方农业，2011 (5)：63.

基地"建设重点。借助自然、政策等优势，我们大力发展中药材产业，并将其作为调整经济结构，转变发展方式，加快新型工业化、农业现代化和统筹城乡发展、推进扶贫开发的重点产业来抓，取得了明显成效。

王杰说，在新的发展形势下，县委、县政府审时度势，立足于我县丰富的自然资源和中药材产业较好的发展基础，决定实施中药材产业发展"1211"战略，力争通过 5 到 10 年的努力，打造中药材产业"一库两中心一基地"。"一库"即武陵山中药材种质资源库；"两中心"即武陵山优质中药材良种繁育中心、武陵山中药材现代物流中心；"一基地"即武陵山最大的中药材种植加工基地。到 2020 年，全县中药材种植、加工、销售产值达到 100 亿元。

资料来源：吴科伟，王旭. 秀山网. 2013 - 11 - 09.

4.2.3 湖南武陵山片区特色农业发展状况①

4.2.3.1 湘西自治州特色农业

据统计，湘西自治州在 2006 ~ 2009 年农业增加值平均每年递增速度为 5.2%，分别比同期的湖南省平均递增速度高 0.6 个、0.3 个百分点，农业经济稳步增长。从 2006 ~ 2009 年农业增加值在生产总值的比重来看，由 2006 年的 19.4%，下降到 2009 年 16.5%，3 年下降 2.9 百分点，农业在第三产业中比重呈下降趋势，产业结构整体趋向优化。与此同时，湘西自治州特色农业增量提质加速，2010 年新扩良种茶园 1 万亩，全州干茶总产 1231 吨，增长 11%。城镇专业化蔬菜基地发展到 2.3 万亩，产量 22.4 万吨。猕猴桃总产 8 万吨，百合总产 6 万吨，均呈现价量齐增的良好形势。湖南省湘西自治州特色农业重点在"五个建设"，即吉首、泸溪、凤凰等地的椪柑、猕猴桃绿色食品基地建设；永顺、龙山的湘西黄牛草场建设；龙山、吉首、保靖的黄姜、杜仲、青蒿等中药材基地建设；永顺、古丈的有机茶基地建设。

4.2.3.2 张家界市特色农业

2010 年，张家界市全市粮食总播种面积 213.8 万亩，总产量 62 万吨以上，

① 汤鹏主. 自然禀赋与武陵山区实现特色农业发展的路径选择 [C]. 武陵山片区协同创新加快发展学术研讨会论文集，2013（8）：17 - 19.

粮食自给率达到 95.3%。经济作物生产水平也是大幅提高,"十一五"时期,张家界市经济作物播种面积由 110 万亩扩大到 135 万亩,产值由"十五"末期的 5 亿元增长到 11 亿元,面积扩大了 25%,效益翻了一番。休闲农业在这个时候也获得了快速发展,2010 年全市各类农业休闲企业和农家乐发展到 185 家,比 2005 年增加 48 家。与此同时,张家界市特色农业继续保持良好发展势头,其中,永定区共发展蔬菜 12 万亩、精品水果 2 万亩、花卉苗木 12 万亩、规模健康养殖基地 9 个、涌现出 50 多个特专业村;长茂山优质蜜桃、龚家垴香脆梨、沙堤黑葡萄等 17 个品牌产品远销长沙、广州等 20 多个大中城市。

4.2.3.3　怀化市特色农业

据怀化市农业部门统计,2010 年该市完成粮食作物播种面积 500.82 万亩,粮食总产达到 192.63 万吨,分别比上年增长 3.1% 和 4.6%。夏收油菜面积 158.15 万亩,油菜籽总产 13.33 万吨。分别比上年增长 7.7% 和 17%,全市粮油生产获得了第七个丰收年。与此同时,蔬菜成为怀化市农业生产新亮点,2010 全市春夏播种蔬菜 30820 公顷,同比增长 5.3%,蔬菜上半年产值达 90375 万元,占上半年农林牧渔业总产值的 17.5%,所占比重比去年同期提高 5 个百分点。2010 年以来,全市专业性蔬菜基地建设有了新起色,目前已实施的蔬菜基地建设项目有:怀化五丰农业有限公司在怀化鹤城区卢坪乡和中方县袁家乡发展的 5000 亩蔬菜基地、怀化中方县铜鼎乡辣椒协会在铜鼎开发 1000 亩辣椒基地等。

专栏 4 - 3

靖州 20 万元巨奖征集杨梅保鲜技术

"1 天色变,2 天味变,3 天色香味俱变。"杨梅是最难保存的水果之一,摘下来之后,不作处理,最多保存 3 天。2013 年 6 月 17 日上午,"金大地" 2013 中国·靖州·杨梅节开幕式上,靖州正式向全国宣布将悬赏 20 万元征集杨梅保鲜技术,"谁能解决杨梅保鲜难题,政府奖励 20 万元!"

杨梅是靖州县的一项支柱产业,目前该县杨梅种植面积达 5 万亩,每年产值达到 3.5 亿元。然而杨梅主要产量集中在 6 月中旬、下旬的十几天时间内,这一时间段适逢高温高湿的梅雨季节,由于杨梅果实柔软多汁、外果皮很薄,极易变质,在普通室内贮藏,保质期极短,在冷藏条件下其保存时间也不超过 1 个星期。保鲜一直是制约杨梅产业发展的一个技术"瓶颈",也成为地方政府和果农十分关注的课题。为提升杨梅贮运技术,促进杨梅产业的健康发展,提高果农的经济收入,该县特设 20 万元巨奖征集杨梅保鲜技术,以期杨梅产业得到质的飞跃。

资料来源:刘杰华. 靖州新闻网. 2013 - 06 - 18.

4.2.4　湖北武陵山片区特色农业发展状况

湖北武陵山片区辖恩施土家族苗族自治州,宜昌市长阳土家族自治县、五峰土家族自治县、秭归县,国土面积 3 万多平方公里,人口约 500 万,共有 29 个民族,少数民族人口占该区域总人口的 50% 以上。在行政建制上,既有自治州、自治县,又有民族乡,全国只有 8 省(区)有类似情况[①]。

恩施州截至 2013 年建立了 100 万亩茶叶、100 万亩烟叶、100 万亩药材、100 万亩林果、100 万亩高山蔬菜、50 万亩魔芋、50 万亩土豆基地。2011 年,全州实现生产总值 418 亿元,增长 13.4%;完成全社会固定资产投资 314 亿元,增长 36.2%;城镇居民人均可支配收入达到 13174 元,增长 15.5%;农村居民人均纯收入达到 3939 元,增长 21%,增幅为湖北省全省第一;全年减少贫困人口 10 万人[②]。2012 年上半年,全州经济继续保持了持续快速的增长态势,主要经济指标实现增幅高于湖北省平均水平、好于去年同期[③]。长阳土家族自治县,2011 年完成地区生产总值 75.3 亿元[④],为当年湖北省经济发展进位速度第一名,并成功进入湖北省县域经济发展第二方阵。

恩施州 2011 年农林牧渔业总产值 193.19 亿元,比 2010 年增长 5.5%。全年粮食种植面积 650.9 万亩,比上年增加 8.3 万亩,增长 1.3%;粮食总产量 153.15 万吨,比上年增加 2.7 万吨,增产 1.8%。油料种植面积 92.85 万亩,比上年增长 1.3%;油料总产量 8.94 万吨,增产 6.6%。烟叶种植面积 65.91 万亩,总产量 9.32 万吨,增产 9.1%;茶叶总产量 5.29 万吨,增产 14.8%。全年造林

---

① 彭家红. 武陵明珠麻柳溪——湖北武陵山片区生态文明建设和民族团结模范区建设系列报道之一 [J]. 民族大家庭, 2013 (2):15 - 17.
② 恩施州统计局 2011 年统计报表。
③ 恩施州统计局 2012 年统计报表。
④ 长阳土家族自治县统计局 2011 年统计报表。

面积 2.76 万公顷，全年林业产值 7.67 亿元，按可比价格计算，比上年增长 25.5%。全年生猪出栏 456.97 万头，比上年增加 16.3 万头，增长 3.7%；年末生猪存栏 421.3 万头，增长 2.4%。全年畜禽肉产量 43.83 万吨，增长 5.2%。全年畜牧业产值 73.01 亿元，按可比价格计算，同比增长 10.5%。恩施州特色农业经过多年发展，最终确定烟叶、茶叶、蔬菜、药材、水果、魔芋、生猪 7 个产业为特色农业①。恩施州、恩施市特色农业基本情况，如表 4-2 所示。

表 4-2　　　　　　　　恩施州、恩施市特色农业基本情况统计

特色农业	恩施州 （2010 年）	恩施市 （2009 年）	恩施市占全 州的比例（%）	全州平均 水平（%）
烟叶（万亩）	59.60	13.32	22.3	7.45
茶叶（万亩）	85.49	19.20	22.5	10.69
蔬菜（万亩）	169.01	25.50	15.1	21.13
药材（万亩）	130.00	23.39	18.0	16.25
水果（万亩）	52.49	5.51	10.5	6.56
魔芋（万亩）	24.50	6.27	25.6	3.06
生猪（万头）	440.67	85.12	19.3	55.08

资料来源：李忠斌. 武陵山片区特色农业发展的困境及其转向：以恩施州为例湖北社会科学，2012 (12)：70-76.

从表 4-2 可以看到，除生猪养殖外，六大产业种植面积已达 521.09 万亩，而同年末耕地总资源 470.97 万亩，特色农业种植面积已超耕地总面积②。基本建成了 100 万亩优质茶叶、100 万亩优质蔬菜、100 万亩优质林果、100 万亩优质中药材的"四个一百万亩"特色农业产业基地，由此，使得恩施州先后享有"全国四大魔芋产区之一""湖北省最大的烟叶生产基地"以及"湖北省最大的高山蔬菜基地和最大的中药材生产基地"等美誉。

由此可见，特色农业的地位在恩施州已得到巩固和加强，特色农业对经济增长的贡献有了大幅度提高，规模优势开始显现，后续发展的动力较为强劲。

---

① 李忠斌. 武陵山片区特色农业发展的困境及其转向：以恩施州为例 [J]. 湖北社会科学，2012 (12)：70-76.

② 这种情况是存在的，恩施州为山区，耕地面积有限，特色农业大都是利用高山、荒坡、林地来发展的，如高山蔬菜、畜牧养殖、林果等。

专栏 4-4

恩施宣恩县万寨规划两条
贡茶基地旅游带

2013 年宣恩县万寨乡政府与中南民族大学签订协议，正式委托中南民大制定《万寨乡总体规划与伍家台贡茶发源地修建性详细规划》和《万寨乡集镇与贡茶发源地民族生态旅游总体规划》。

在新集镇与新农村建设中，万寨乡将以贡茶文化源为基础，以红岩卡—伍家台—魔芋山—网台和白虎山—马鞍山—金龙坪两条贡茶基地观光旅游带为重点规划对象，突出生态与人文景观，体现现代文明与传统文化的交融互补。

从万寨乡特色茶产业在 2007~2011 年这五年间，万寨乡特色茶产业年产值逐年增长，以 2007 年为基期，2011 年的产值是 2007 年的 415.16%，五年来特色茶产业 GDP 占有率翻了一番，已成为拉动宣恩县万寨乡经济增长与农民脱贫致富的重要动力。目前万寨乡现有经认证无公害、绿色食品基地 10000余亩，经 IMO 等国际有机茶认证机构认证的有机茶园 2652 亩。规模不大，面积虽少，但它却成为万寨乡走有机化之路的典范，随着特色茶产业链不断深化，产业体系不断完善，万寨乡特色茶产业的发展规模也在不断扩大，并对周边村镇产生强大的示范效应。

万寨乡发展"以茶为根，旅游活乡、生态并进"的道路，有效推动万寨乡茶叶产业链条纵深发展。立足传统、坚持创新，善于挖掘潜力，坚持茶叶富民，旅游强民的思路，打造伍家台村现有潜力，推动特色产业多样化发展，努力打造"贡茶文化旅游、民族生态旅游和休闲观光旅游"相结合的精品旅游模式，目前，位于伍家台村的茶园观光路已具雏形，农家乐早已开张，道路规划已提上议事日程。一幅以依托特色产业为基础，大力开发旅游业，带动全乡经济社会发展的新蓝图初步成型。

资料来源：周伟，黄祥芳. 武陵山片区的经济贫困与产业扶贫 [C]. 首届中国 吉首武陵山发展论坛，2013：29-33.

4.2.5 贵州武陵山片区特色农业发展状况

4.2.5.1 贵州特色农业基地

实施一批重大特色农林业项目，推进区域性特色农林产品基地建设，建设一批特色农林产品标准化良种繁育基地。抓好"节粮型"特色畜产品养殖基地建设。大力发展中药材种植，建设一批符合中药材生产质量管理规范（GAP）的生产基地。建立片区内各县（区）特色农业（畜产品）基地（见表4－3）。

表 4－3　　　　　　　　　　特色农业（畜产品）基地建设

县（区）	特色农业（畜产品）基地
碧江区	高山蔬菜基地、中药材基地、干果基地、肉类基地、油茶基地
江口县	藤茶基地、高山蔬菜基地、中药材基地、干果基地、肉类基地、优质楠竹基地、油茶基地、精品水果基地
玉屏县	中药材基地、干果基地、肉类基地、油茶基地
石阡县	苔茶基地、优质烤烟基地、中药材基地、干果基地、肉类基地、油茶基地
思南县	优质烤烟基地、高山蔬菜基地、中药材基地、干果基地、肉类基地、优质楠竹基地、精品水果基地
印江县	优质烤烟基地、高山蔬菜基地、魔芋基地、中药材基地、干果基地、肉类基地、优质楠竹基地
德江县	优质烤烟基地、高山蔬菜基地、中药材基地、干果基地、肉类基地、优质楠竹基地
沿河县	富硒茶基地、优质烤烟基地、中药材基地、干果基地、肉类基地、优质楠竹基地、精品水果基地
松桃县	魔芋基地、中药材基地、干果基地、肉类基地、优质楠竹基地、油茶基地
万山区	中药材基地、干果基地、肉类基地、优质楠竹基地、油茶基地、水果基地
务川县	优质烤烟基地、高山蔬菜基地、中药材基地、干果基地、油茶基地、肉类基地、优质蚕茧基地、优质茶叶基地
正安县	白茶基地、优质烤烟基地、高山蔬菜基地、中药材基地、油茶基地、干果基地、肉类基地、优质楠竹基地
道真县	优质烤烟基地、高山蔬菜基地、中药材基地、干果基地、油茶基地、肉类基地、优质楠竹基地

续表

县（区）	特色农业（畜产品）基地
湄潭县	绿茶基地、优质烤烟基地、高山蔬菜基地、中药材基地、油茶基地、干果基地、肉类基地、优质楠竹基地、精品水果基地
凤冈县	富硒茶基地、优质烤烟基地、高山蔬菜基地、中药材基地、油茶基地、干果基地、肉类基地、优质楠竹基地
余庆县	苦丁茶基地、优质烤烟基地、高山蔬菜基地、中药材基地、油茶基地、干果基地、肉类基地、优质楠竹基地、精品水果基地、小叶苦丁茶基地

资料来源：武陵山片区（贵州省）区域发展与扶贫攻坚实施规划（2011~2015年）。

4.2.5.2 贵州铜仁特色农业

贵州铜仁市地处云贵高原向湘西丘陵倾斜的过渡地带，低山多丘陵间有平地，海拔多在400~600米之间，属亚热带季风性湿润气候，冬无严寒，夏无酷暑，宜发展种、养殖业。农业方面，已初步形成杂交稻制种、瘦肉型猪、柑橘、人板栗、柿子、茶叶、油茶、苗圃基地。贵州铜仁地区特色农业发展重点在四个产业带，即沿河、德江、思南、印江的肉牛、肉羊产业带；印江、石阡、松桃茶叶的生产带；印江、江口、玉屏、铜仁的家畜产业带；思南、玉屏、铜仁、松桃的花生和干鲜果产业带。

贵州铜仁市玉屏县2012年农林牧渔业总产值79535万元，按可比价格计算同比增长8.8%，其中农业产值41056万元，同比增长10.3%；林业产值4112万元，同比增长10.0%；牧业产值31791万元，同比增长6.8%；渔业产值2576万元，同比增长8.2%[①]。2012年全县农作物总播种面积18025公顷，同比增长6.54%。其中粮食作物播种面积为8532公顷，同比下降4.57%；油料作物播种面积3981公顷，增长3.92%；蔬菜播种面积2648公顷，增长0.99%。2012年年末实有茶园（绿茶）面积68公顷，比上年增长27.58%，果园面积1797公顷，比上年增长3.93%。畜牧业、渔业有所发展。全县肉类产量9465吨，比上年增长4.83%，水产品产量1472吨，比上年增长13.23%。主要农产品产量结构有所调整。

以上数据说明，2012年玉屏县的农业发展稳步前进，不仅整体发展势头良好，并在蔬菜、林业、茶油业中体现出民族地区农业的比较优势，农业产业结构优化，特色农业的增长点逐渐显露。农业已由传统农业向商品农业迈进，农村经

---

① http：//www.yuping.gov.cn/zjyp/ypgk/ypmp/58417.shtml。

济向多元化发展。

玉屏县在历史上素有"油茶之乡"的美称，在特色产业的选择中，油茶也首当其冲成为重点发展的主导特色农业，随后又增加了蔬菜、中药材、特种养殖。作为中国"油茶之乡"，玉屏县栽培经营油茶已有 500 多年历史。玉屏县自 2009 年起补助并奖励油茶种植户，多方位引导投资油茶产业，鼓励民营企业、能人大户参与建厂加工。2010 年，江西云河集团与玉屏县签订了 3 万亩高产油茶种植的协议，总投资达 1.2 亿元，当地农民用荒地入股。此后，玉屏县又引进湖南新绿洲等油茶发展公司，建立了高标准油茶示范基地。截至 2012 年 9 月，玉屏县共完成优质油茶基地建设 14.7 万亩，其中核心示范区 8518 亩，企业订单生产 11000 亩。2012 年玉屏县已建成标准化规模养殖基地 5 个，其中年出栏 10000 头生猪规模养殖场 1 个、年出栏 5000 头生猪养殖场 1 个、县级规模养殖场 3 个，新发展养殖大户 42 户。

本 章 小 结

武陵山片区作为中国版图上的一个特殊区域，有着独特的历史特征和历史沿革。武陵山片区具有发展特色农业的资源禀赋和先天条件，其地质、地貌和气候特殊适宜发展特色农业，发展特色农业有着特殊的战略意义。本章主要在对武陵山片区基本状况进行概述的基础上，重点阐述了武陵山片区的特色农业分布及其发展状况，包括武陵山片区特色农业基地建设状况、重庆武陵山片区特色农业发展状况、湖南武陵山片区特色农业发展状况、湖北武陵山片区特色农业发展状况以及贵州武陵山片区特色农业发展状况，其目的在于把握该区域特色农业发展现状，为下一步发展特色农业做基础准备。

第 5 章

武陵山片区特色农业发展的
制约因素及比较优势

5.1 武陵山片区特色农业发展的特殊意义

特色农业的关键在于"特色"和"效益"。具体来说：一是要有特色，即依据本地独特的自然资源、生态环境，通过特有或普遍的生产手段，创造出独具特色农产品。二是效益要好，在"人无我有、人有我优"的前提下，通过对特色农产品的生产、推介、销售，产生出较好的经济收益（何治江，2012）。

5.1.1 有利于农业资源的深度开发与利用

自然资源是人类赖以生存最根本的基础，更是发展农业的物质前提。武陵山片区以生物物种多样，素有"华中动植物基因库"之称，在种植和养殖上都有着许多特色，在特色农业的发展上具有天然的优势。特色农业表现在物质形态上，就是产品的"名、特、优、精"，要根据市场不断变化的需求，对资源深度开发利用，实现产品的系列化，最终形成各种各样的产品特色，而赢得消费者的信赖。

然而，从总体上看，由于受传统观念、自然条件、种养技术和种养水平的等因素的制约，武陵山片区大多数特色农业结构单一、规模化程度不够、农产品的加工水平低、市场化程度低、产业项目抗御市场风险的能力依然较弱。因此，发展特色农业就要求人们做到在保护自然的基础上，科学合理地开发和利用资源，在保护农业生产与生态和谐的基础上，根据自身的优势，对资源深度开发利用，发展既具有地方特色又有市场前景的特色农业。在武陵山片区发展特色农业是一个系统工程，它需要最大限度的整合各种资源，从而生产出知名的武陵山片区农产品，在产生巨大经济效益的同时带来良好的社会效益，最终实现武陵山片区扶贫攻坚的伟大胜利，这些任重而道远，还需要我们不断实践和探索。

5.1.2　有利于农业产业结构的调整

武陵山片区产业发展相对滞后，例如，发展情况相对较好的重庆片区，三产业结构比为 17∶51∶32，工业化率比全市低近 10 个百分点，企业数、产业活动单位数分别仅为全市平均水平的 44%、48%，市场主体数量较少，市场活跃程度不高，经济发展后劲不足。

通过多层次的农业结构调整，发展具有市场竞争力的特色产业、优势产品，逐步形成特色鲜明、竞争力强的农业专门化区域。调整农业结构的目的也就是要创建本地区的特色农业，尽力避免区域内产业结构性趋同，以适应农业和农村现代化的发展，这也是提高区域农业经济增长质量和效益的重要途径。一方面，要充分发挥比较优势，扬长避短，要把每个区域自身传统的、现实的、潜在的比较优势充分发挥出来，实现结构调整的目的，逐步形成具有鲜明区域特色的主导产品和支柱产业；另一方面，要发挥区域比较优势，由于在新的结构调整过程中存在的盲目跟进等原因，农业的产业结构、产品结构、区域结构趋同现象日趋明显，加剧了农产品市场的恶性竞争和潜在的市场风险，构建具有较强市场竞争力的特色农业，其本身就是实现农业结构调整的重要内容和关键环节①。

5.1.3　有利于农民收入的增加

武陵山区是我国第一个率先启动的区域发展和扶贫攻坚试点区，是跨省交界面积大、少数民族聚集多、贫困人口分布广的连片特困地区。武陵山片区包括湖南、湖北、重庆和贵州 4 个省市交界的 71 个县市区，片区是集民族地区、革命老区、贫困地区为一体的经济发展落后地区。片区总面积 17.18 平方公里，总人口 3645 万人，其中少数民族人口约为 1234.9 万人，少数民族人口约占全国少数民族总人口 12.5%，片区内世居有土家族、苗族、侗族、白族等 9 个少数民族。这里是我国开发较早的地区之一，但是，经济发展一直非常缓慢，历经新中国建设、改革开放、西部大开发等一系列发展，尽管片区内经济发展水平有所提高，

---

① 吴丽丽. 水县发展特色农业中的问题及对策研究 [D]. 西南大学，2012（5）：7-8.

然而贫穷落后的状况并未从根本上得到改变①。

武陵山片区的特色自然环境和空间地理环境决定发展特色农业是该片区农民增收致富的。因此，要解决农民增收问题，脱贫问题，就是根据本地的特点，发展具有本土特色的农业，构建农业产业链，促使与第二、第三产业的融合，延长农业产业链，增加农产品的附加值。同时，在农业内部挖掘"特色"，在"特色"上做文章，发展具有市场竞争力的特色农业，实现农民增收。由吉首大学、社科文献出版社出版的《连片特困区蓝皮书（2013）》写到的那样，特色农业在武陵山片区扶贫开发中发挥了重要的作用。例如，来凤县的"油桐、楠竹、茶叶、板栗"四大林果等，这些特色农业的发展真正达到"兴一项产业、脱一村贫困、富一方农民"的良好效果。

5.1.4 有利于区域经济竞争力的增强

"三农"问题的关键是农业的发展，培育和发展有地方特色的农业才能壮大区域特色经济，才能形成区域竞争优势。各区域根据自身情况科学有效的选择、培育和发展特色农业，有利于优化本土经济结构和增强区域经济竞争力。

武陵山大部分地区仍是以农业作为支柱产业，武陵山片区的特色优势在于特色农业。因此，武陵山片区应当依据自身优势，将发展特色农业作为实现产业重构的突破口。发展特色农业既能巧妙的扬长避短，又能发挥民族地区的比较优势，增强区域经济竞争力，继而带动相关产业的发展，推动传统农业向现代农业过渡。

5.2 武陵山片区特色农业发展的制约因素

5.2.1 自然环境恶劣，农业基础设施落后

武陵山片区位于我国第二阶梯向第三阶梯过渡地带，地势起伏大，地形以高山丘陵为主，平地洼地较少，山地坡度较大。武陵山片区南部丘陵山区域地处内陆，大部分为山地，南岭山脉横亘东西，岩溶地貌典型，地下溶洞多。

---

① 李忠斌. 武陵山片区特色农业发展的困境及其转向：以恩施州为例 [J]. 湖北社会科学，2012（12）：70 – 76.

　　贫困村的基础设施建设滞后，尤其是水、电、路、环境（污水垃圾处置）、医疗（村卫生室与乡镇卫生院）等公共设施未得到有效解决，是制约贫困村与贫困户持续发展与农村产业发展的主要因素。从调查来看，70%的贫困村基本上没有或很少有基础设施管护制度，而高山偏远地区的基础设施更是严重缺乏。由于这些地区的基础设施建设工程大、筹资难，一些公路虽然硬化，但大车进不去，农副产品运不出，游客难以达到，成为改善村民生产生活的"瓶颈"[①]。

　　武陵山片区内快速铁路线路规划比较稀，快速铁路还在建设，仅有往南走的贵广铁路客运专线，规划建设东西向的昆台快速铁路；高速公路网没有形成，桂东北与湘西南交界的高速公路正在建设，但各省区建设进程不统一，区域断头路还存在，现代化快速交通体系一体化网络没有形成，经济发展平台相对狭小，贸易交往和经济融合受到限制，阻碍了经济的快速发展。

　　武陵山片区交通运输和邮电通讯条件的基本特征是总体水平低，运营效果不良。这里选择的万人交通线路（包括铁路、公路和内陆水运）总长度、综合运输网络密度和万人民用汽车拥有量、人均客运和货运周转这五个指标，反映出交通运输的条件。结果如表 5 - 1 所示，道路不畅、运输业不发达，这些直接限制了武陵山片农户的合作经营。现代化通讯（人均电话机和人均邮电业务量）是人类文明进步的标志，通讯业发展落后，使得武陵山民族地区长期偏离发达的经济文化中心，偏僻的地理位置形成"信息孤岛"。落后的交通和通信条件已经成为武陵山民族地区迈向工业文明、信息文明和融入国内外循环体系的主要障碍。

表 5 - 1 　　　　　　　　2010 年武陵山民族地区交通、邮电通讯状况

项目	黔江区	恩施州	湘西州	张家界市	怀化市	铜仁地区	全国
万人民用汽车拥有量（辆）	712.75	1087.00	659.89	254.22	839.33	530.71	677.25
万人运输线路总长（公里）	60.87	76.13	81.43	94.16	88.87	70.70	127.50
运网综合密度（万人/公里）	2.42	3.16	4.18	4.10	3.77	4.65	14.60
人均旅客周转量（人/公里）	546.80	437.10	291.10	598.50	463.50	347.70	2071.50
人均货物周转量（吨/公里）	349.50	470.90	585.90	271.40	440.80	342.30	10240.00
人均电话机（部）	0.60	0.70	0.50	0.80	0.70	0.40	1.34
人均邮电业务量（元/人）	393.65	339.71	1342.70	1556.00	1230.20	264.50	2456.00

　　资料来源：根据各地政府国民经济和社会发展公报整理所得。

---

① 郑兴禄. 武陵山地区农村扶贫攻坚的问题与对策［J］. 重庆行政（公共论坛），2016（5）：22－23.

5.2.2 耕地资源少，机械化程度低

武陵山片区内人均耕地面积为0.81亩，是全国平均水平的60%。在恩施、湘西、黔江、张家界、怀化和铜仁这六大地区中，除了黔江的人均耕地面积超过全国人均耕地面积，其他地区都与全国人居水平相差较大（见表5-2）。由于人均耕地资源相对较少，武陵山片区农业生产以家庭为单位进行小农生产，家庭农业生产占据主导地位，农业生产规模很小，规模化经营程度低。

表5-2 2012年武陵山片区六大区域人口、耕地统计

项目	黔江区	恩施州	湘西州	张家界市	怀化市	铜仁区	合计	全国
人口（万）	54.50	403.25	289.65	168.09	477.05	397.52	1790.06	137054
耕地面积（万亩）	73.24	390.74	202.50	103.07	475.16	424.03	1668.74	182600
人均耕地面积（亩）	1.34	0.97	0.699	0.61	0.996	1.07	0.94	1.33

资料来源：邓磊. 推进武陵山片区农业现代化的思考［C］. 第二届武陵山少数民族地区经济社会发展高峰论坛论文集，2013（8）：25-27.

根据恩施州国土资源局统计，全州境内耕地的坡度在6°以内的低缓平地耕地仅有36148公顷，只占耕地总面积的8.7%。坡度在6.25°之间的低缓坡地耕地约有226585.2公顷，约占耕地面积的54.50%。而坡度在25°以上的耕地为陡坡地，面积共有1526214.0公顷，占耕地面积的36.75%[1]。推广农业机械化要求地势相对平坦、耕地相对集中，而地表崎岖不平、地貌复杂多样、地势高低起伏的武陵山片区显然无法满足这一条件，机械耕作条件很差，农机作业难度大、效率低，现有机械化水平也很低。

5.2.3 农地制度不健全，土地流转难

新中国成立以来，我国农村土地制度的演变主要经历了土地为农民私人所有、农业用地集体所有、宅基地私人所有、农村土地集体所有和联产承包、双层经营四个阶段。随着型城市化步伐的加快，我国农村土地流转的步伐也将加快。而目前我国农村土地制度安排，面临着土地所有权主体虚置、土地核心处分权缺

---

① 邓磊. 推进武陵山片区农业现代化的思考［C］. 第二届武陵山少数民族地区经济社会发展高峰论坛，论文集，2013（8）：25-27.

位、土地权利流转制度受限等困境，在一定程度上制约了农村土地的流转进程，阻碍了特色农业的发展。具体表现为：

一是土地所有权主体虚置。自从土地的资源属性为法律制度构建所关注以来，土地法律制度的设计与运行轨迹，便一直受土地的财产权性质与土地的资源性质两大因素所制约。基于土地的资源属性，产生了越来越被各国立法所关注的土地管理权法律制度体系；基于土地的财产权属性，形成了土地最具活力的土地所有权法律制度体系①。集体土地所有权的存在具有明确的地域界限。这种明确的地域性，从法学的基本理论角度讲，源于土地的不动属性，从我国传统文化背景角度讲，产生于农民与土地之间不可分割的生存与情感联系。按照《物权法》，农民集体所有的不动产和动产，属于本集体成员的集体所有。而实践中，许多村的集体经济组织已不存在或不健全，难以履行集体所有土地的经营、管理等行使所有权的任务，需要由行使自治权的村民委员会行使集体所有权②。集体土地所确权主体的虚位和产权关系的模糊不清，导致了相应的土地权利不完整、不充分、环稳定，造成了目前农村集体土地利用的规模小、粗放经营、短期行为等弊端，严重损害了农民的利益。

二是土地核心处分权缺位。集体名义上是土地集体所有制的代表，但其所有者的地位已在实际上为国家所取代，国家已经相当大程度上掌握着土地产权中最核心的土地处置权。同时，尽管改革开放后不断稳定土地承包关系，强化农民的土地使用权，但由于土地所有权实际上不掌握在农民手里，农民的土地使用权和收益支配权实际上还要受到来自所有权的影响，最突出的问题就是上地承包关系不稳定，乡村干部随意解除承包合同或到期不续订承包合同。

三是土地权利流转制度受限。集体上地的所有权除非通过国家征收程序转为国有，否则不得转让变更。虽然通过家庭承包取得的土地承包经营权可以依法采取转包、出租、互换、转让或者其他方式流转，但农村土地使用权流转有诸多限制。例如，《农村土地承包法》规定土地承包经营权采取转让方式流转的，应当经发包方同意，《土地管理法》规定集体土地使用权不得出让、转让和出租用于非农建设；《担保法》规定耕地、宅基地，自留地，自留山等集体所有的土地使用权不得抵押。这就相当于剥夺了农民土地的所有权，阻碍了非农经济的发展和乡镇企业资产存量盘活③。

四是耕地流失现象严重。我国人多地少，耕地后备资源不足，人均耕地只有

---

① 刘俊. 中国土地法理论研究 ［M］. 北京：法律出版社，2006.

② 胡康生. 中华人民共和国物权法释义 ［M］. 北京：法律出版社，2007.

③ 沈淳. 农村土地产权思考和探索 ［J］. 商业研究，2003（7）.

1.39 亩，不到世界平均水平 40%，却承载了占世界 22% 的人口。人增地减已成为我国现代化进程中最突出的矛盾①。这样的情况下，耕地保护直接关系到国家的粮食安全、耕地资源的代际公平和社会经济的可持续发展②。随着工业化、城市化进程不断加快，特别是近年来城镇盲目扩张，开发区热、房地产热、旅游开发热大量圈地，农村集体建设和农民个人建房急剧增加，实际耕地总量减少较快。

五是受传统农耕文化影响，农民对土地的依赖思想根深蒂固，哪怕外出务工土地撂荒也不愿意将土地流转，即便流转的土地也是微乎其微。目前，片区内尚未真正建立起专门的农村土地流转管理机构与中介组织，没有形成完善的土地流转市场，政府对土地流转也缺乏必要的引导和管理；加之，近年来惠农政策，农民更加珍惜手中的土地，在一定程度上加剧了土地流转难度。土地使用权流转难，对农业标准化示范园区和产业规模化的发展形成了制约③。

5.2.4 农业人口比重大，人力资本存量小

武陵山片区恩施、湘西、黔江、铜仁、怀化和张家界这六大区域农业人口占总人口比例远远超过全国平均水平，且农业人口绝对数量较大（见表 5 – 3）。

表 5 – 3　　　　　　　2012 年武陵山片区六大区域农业人口统计

统计项	黔江	恩施	湘西	张家界	怀化	铜仁	合计	全国
总人口（万人）	54.50	403.25	289.65	168.90	477.50	397.25	1791.05	137054
农业人口（万人）	30.89	343.25	192.66	88.47	305.43	376.16	1336.86	58933
占比（%）	57	85	66	52	64	94	75	43

资料来源：邓磊. 推进武陵山片区农业现代化的思考 [C]. 《第二届武陵山少数民族地区经济社会发展高峰论坛论文集》, 2013（8）: 25 – 27.

由于历史、经济、地理等因素的影响，武陵山片区总体教育发展水平较为落后，农业人口受教育程度较低，农业人口文化素质相对较低，特色农业人才缺乏。从恩施州的情况来看，农业人口均为 343.25 万人，占全州总人口的 85% 左右。据统计，2011 年全州农村户数 95.88 万户，农业人口 343.4 万人，农村劳动力资源合计 204.71 万人，其中劳动年龄内 180.59 万人；农村从业人员合计

① 夏珺，于猛. 18 亿亩耕地，一亩都不能少 [N]. 人民日报, 2008 – 11 – 23.
② 唐键. 我国耕地保护制度与政策研究 [M]. 北京：中国社会科学出版社, 2006.
③ 石雄. 武陵山民族地区特色农业发展的路径探讨 [J]. 中共铜仁市委党校学报, 2012（5）: 74 – 76.

188.68 万人，其中劳动年龄内 169.57 万人。农村劳力文化素质偏低，文盲半文盲劳动力占 5.43%，小学文化程度占 36.05%，初中文化程度占 47.56%，高中（含中专）文化程度占 10.5%，大专及以上文化程度占 0.46%；初中级以下文化程度劳动力的比重达 89%。这种现实情况在一定程度上也影响了农业新技术、新方法、新品种的推广应用，制约了特色农业发展中农户的合作。

对发展特色农业构成最直接的威胁是青壮年劳动力外出务工数量庞大。受劳务经济影响，相当多的青壮年农民到经济发达的地区或城市务工，留守在家的多为文化层次较低的妇女、儿童和劳动能力相对较弱的人。据统计数据显示，2007年，全州外出务工劳动力达 68.75 万多人，占乡村从业人员的 38%，占第一产业劳动力的 70%。外出劳力中 16~40 岁的人员达到 87.12%，以男性居多（占64%），留守从事第一产业的劳动力只占 30%，且多为 40 岁以上的老人和妇女。例如，恩施州 2007 年底，全州农产品加工企业的固定从业人员平均每个企业只有 25 人，规模以上企业的固定从业人员平均每个企业也只有 85 人。在规模以上企业中的固定从业人员中，中专以上学历的人员 2128 人，占固定从业人员总量的 22%，其中研究生 3 人，占 0.03%；本科学历 311 人，占 3.27%；大专学历1071 人，占 11.26%。全州 10 家省级、国家级龙头企业中，有专业技术职称的只有 206 人，只占固定从业职工的 7.4%①。

5.2.5　产业发展不平衡，产业结构不合理

产业结构是指各产业的构成及各产业之间的联系和比例关系，具体表现为三产业的比值。根据配第—克拉克定律（Petty – Clark Law），随着社会经济的发展和工业化过程推进，一个国家或地区的产业结构（包括产值结构和劳动力结构），会逐步由第一产业占优势比重逐级向第二产业、第三产业占优势比重演进。

当今世界，第一、第二产业结构中，第一产业比重的高低反映一个国家或地区产业结构水平和层次，而最具核心竞争地位的当属第二产业的体量和比重，例如，我国长三角和珠三角地区的第三产业的比重已经超过 50%，显露出较强的竞争优势。

从武陵山片区三大产业结构总体来看，武陵山片区 GDP 增比速度除湘西州外，其他 5 地市区州均高于全国平均水平。就产业而言，武陵山民族地区的第二产业呈现迅猛增长态势，与全国平均水平相比较，除开湘两州外，剩余的地市区

---

① 李忠斌. 武陵山片区特色农业发展的困境及其转向：以恩施州为例［J］. 湖北社会科学，2012(12)：70 – 76.

州是全国平均水平的 1 倍多，最高达到 2.37 倍，最低也为 1.49 倍。此外，武陵山民族地区的第三产业快速增长，是全国平均水平的 1.4 倍。产业之间与地区之间的发展速率明显失衡，深层次的产业结构矛盾开始显现（见表 5 - 4）。

表 5 - 4　　　　　　　2010 年武陵山民族地区 GDP 及三产业发展速度对比

对比项		黔江区	恩施州	湘西州	张家界市	怀化市	铜仁区	全国
年均增长速度	GDP	19.3	13.8	8.3	14.5	14.8	12.9	10.3
	第一产业	6.1	5.0	4.1	4.4	4.4	7.0	4.3
	第二产业	28.9	22.7	6.6	19.9	20.9	18.2	12.2
	第三产业	11.2	14.9	11	14.4	12.9	15.0	9.5
同比全国平均比值	GDP	1.87	1.34	0.81	1.41	1.44	1.25	
	第一产业	1.42	1.16	0.95	0.95	1.02	1.63	
	第二产业	2.37	1.86	0.54	1.63	1.71	1.49	
	第三产业	1.18	1.57	1.16	1.52	1.36	1.58	

资料来源：卢平. 武陵山民族地区经济发展对比分析及思路探索 [J]. 湖北民族学院学报（哲学社会科学版），2012（6）：45 - 49.

但从表 5 - 5 可以看出，武陵山片区产业发展不均衡，优势产业不突出，与东西部地区差距较大。就各地区而言，铜仁地区的第一产业比重最高，恩施州次之，湘西州位居第三，怀化地区排在第四，张家界和黔江区随后。黔江区和怀化市的第二产业分别达到 53.5 和 42.8，湘西州的比重将近 40%，余下地市区均在 30% 以下。在武陵山民族地区中，张家界市的第三产业占 GDP 的比重达 6 成以上，其他各州（除黔江区外）的三产业占 GDP 的比重也仅在 4 成左右，第三产业还有待于加速发展。具体而言，恩施州和铜仁地区的产业结构优化任务明显要重于其他地市区①。

表 5 - 5　　　　　　　　武陵山民族地区三产业占 GDP 比重

产业	黔江区	恩施州	湘西州	张家界市	怀化市	铜仁地区
第一产业	10.6	30.7	16.3	12.9	14.4	32.3
第二产业	53.5	28.7	39.39	24.8	42.8	26.3
第三产业	35.9	40.6	43.8	62.3	42.8	41.4

资料来源：卢平. 武陵山民族地区经济发展对比分析及思路探索 [J]. 湖北民族学院学报（哲学社会科学版），2012（6）：45 - 49.

---

① 卢平. 武陵山民族地区经济发展对比分析及思路探索 [J]. 湖北民族学院学报（哲学社会科学版），2012（6）：45 - 49.

从武陵山片区农业产业结构来看，武陵山片区大部分贫困乡村分布在深山和偏远地区，这些地区交通不便，特别是受可耕种土地、农田基本设施等以及自然资源约束等因素的影响，加上这些乡村自然灾害应对能力低，生产方式单一，生产技术传统、落后，新产业的发展推广等受到很大地限制。一方面，武陵山片区大部分地区均为山地，自然条件差异不大，很多地区特色农产品相同。以至于某一地方特色产业发展较好，其他地区就盲目跟进，全力发展政策支持该产业，出现恶性竞争，导致自然资源和政策鼓励难以实现效用最大化。另一方面，从某一地区来看，其特色农产品依据市场和政策的需要而不断变换，容易造成大量资源的浪费。

5.2.6　市场体系不完善，特色产品销售网络未形成

特色农产品往往具有特殊的食物功用和消费群体，需要有的放矢抓好市场营销，以消费带动产业。武陵山片区特色农业面临着市场发育不健全、机制不完善的瓶颈。特色农业的一项突出优势就是区别于传统农业的特色产品，在市场流通方面，营销体系建设是特色农产品收益的主要保证。武陵山片区特色农业发展目前面临的问题主要包括：完善的市场体系没有建立、市场管理的方式落后、市场信息不对称、缺乏组织化等。

武陵山片区特色农产品在流通方面存在很多问题和障碍：一是流通环节较多，流通成本过高，例如，水果的流通大约要经过六个环节：生产者—产地经销商—批发商—市场经销商—零售商—消费者，流通环节的增多，加大了成本。二是产品流通范围过窄。特色农产品一般采取就近销售的方式，很少流通到外地，这就造成了其市场的狭小。三是营销体系建设不健全。武陵山片区农产品生产企业所建立的营销体系不健全，制约了农业现代化、产业化发展，农产品的质量和流通速度得不到保证。

长期以来，区域内农业产业化的关联度和外向度较低，大多农产品未能在大中城市建立起较为完善的市场销售网络，农产品的市场份额不高。农产品的流通和销售渠道不畅也是制约特色产业发展的主要原因之一。调研发现，不少特色农产品仅在区内供应，且数量有限。没有市场牵引的产业是不可能有规模上的提升和效益上的保证的。

5.2.7　农业科技投入不足，科技贡献率不高

提高特色农产品的附加值需要一个强大的科技开发体系和推广体系，把研究

出的新技术、新方法通过推广的环节有效地转移到农户手中。一方面，片区科技推广体系不完善，贫困农户的文化教育程度低，对新技术、新科技的接受能力较弱，许多地区发展优势特色产业仍然采用传统生产技术和管理技术，农业科技含量低，影响了特色产业的生产效率。另一方面，片区科技推广队伍不健全，有相当技术水平的科技人员偏少，非专业技术人员比例较高。此外，由于农业科技推广是无偿的，因此推广经费严重短缺①。

5.2.8 农业企业带动力不强，农户组织化程度低

武陵山片区农业产业化国家重点龙头企业由于规模较小，带动能力还比较弱，带动农户与吸纳农村劳动力能力很有限。目前，武陵山片区共有农业产业化国家重点龙头企业 11 家（见表 5-6），仅占湘鄂渝黔三省一市的 9.21%，该片区还有 61 个县（区、市）没有农业产业化国家重点龙头企业。武陵山片区农业产业化经过十余年的发展，农业产业化已经有了长足的进步，但仍属于起步阶段。武陵山片区农业产业化国家重点龙头企业由于规模较小，带动能力还比较弱，带动农户与吸纳农村劳动力能力很有限。龙头企业规模弱小，加之发展资金缺乏、经营理念等众多因素制约，在壮大产业发展、辐射带动农民增收致富方面能力就显得非常弱势，难以调动农户经营。

表 5-6　　　　　武陵山片区已有的农业产业化国家重点龙头企业

所在地	企业名称	经营项目
恩施州鹤峰县	湖北长友现代农业股份有限公司	蔬菜、食用菌、板栗、箬叶、茶叶、高山蔬菜等六大类
恩施州恩施市	湖北省思乐牧业集团有限公司	家畜屠宰、肉食及肉制品加工、冷冻产品
怀化市鹤城区	湖南正清制药集团股份有限公司	正清风痛宁缓释、鱼腥草注射液、正清灵芝口服液等
湘西州保靖县	湖南喜阳食品工业集团股份有限公司	果蔬、肉、蛋等农副产品深加工
湘西州吉首市	湖南老爹农业科技开发股份有限公司	猕猴桃系列果汁饮料、果脯、果籽饼干等
遵义市凤冈县	贵州凤冈黔风有机茶业有限公司	茶叶
遵义市湄潭县	贵州茅贡米业有限公司	茅贡米
	贵州湄潭兰馨茶业有限公司	茶叶

① 何治江. 武陵山片区特色农业发展研究 [J]. 改革与开放，2012 (11)：57-58.

所在地	企业名称	经营项目
铜仁市碧江区	贵州东太农业股份有限公司	农副产品市场、农资贸易、苗木栽培等
遵义市湄潭县	贵州湄潭盛兴茶业有限公司	茶叶
	贵州省湄潭县栗香茶业有限公司	茶叶
	遵义陆圣康源科技开发有限责任公司	绿茶提取物
重庆市丰都县	重庆恒都农业开发有限公司	肉牛养殖、加工及产品销售
重庆市石柱自治县	重庆小天鹅百福食品有限公司	辣椒、复合调味品

资料来源：孙志国等. 武陵山片区农业资源优势及区域产业化发展对策［J］. 湖南农业科学·下半月推广刊.

例如，恩施州内仅有的几个茶叶专业协会和合作社也是规模很小，吸纳的茶农数量少，与企业在利益上联系不紧密，仅处于专业合作组织的起步阶段，根本不能起到品牌载体的作用。全州大小茶叶加工企业达到 800 余家，但大型茶叶企业不到 2%，绝大多数厂家基本处于原始作坊式生产方式，企业资本有限，底子薄，起点低，设备陈旧简陋，卫生条件差，人员素质不高，生产的产品规格不一，茶叶品质极不稳定，按照现行 QS 认证发证审查要求，根本不合格。截至 2007 年底，全州已注册登记茶叶商标 46 件，但没有一件在全国有较大的影响力，全州获得省、部级奖的产品达 100 多个，获"湖北省十大名茶"的品牌有 6 个之多，没有一个是叫得响的名牌产品，中国传统十大名茶"恩施玉露"也没有形成区域公共品牌，在全国的影响也极其有限[①]。

5.2.9 农产品品牌少，标准化生产程度低

中国名牌农产品不多。其中，湖南有中国名牌农产品 5 种：伟鸿食品有限公司伟鸿商标的猪肉、湖南猴王茶业有限公司猴王商标的茉莉花茶、湖南省茶业有限公司君山商标的君山银针、湖南盛湘粮食购销集团有限公司盛湘商标的大米、湖南银光粮油实业有限公司银光商标的大米；湖北有 6 种：武汉市汉口精武食品工业园有限公司汉口精武商标的冰鲜鸭、长阳土家族自治县清江水产协会清江商标的鮰鱼、洪湖市德炎水产食品有限公司德炎水产图案商标的淡水小龙虾、湖北采花茶业有限公司采花商标的采花毛尖、秭归县柑橘协会秭归脐橙商标的脐橙、

① 李忠斌. 武陵山片区特色农业发展的困境及其转向：以恩施州为例［J］. 湖北社会科学，2012（12）：70－76.

湖北国宝桥米有限公司国宝商标的桥米；重庆有 3 种：重庆市二圣茶业有限公司巴南商标的银针、重庆市程文农业开发有限公司美人鱼坊商标的鲢鱼、重庆市四面山花椒开发有限责任公司骄王商标的保鲜花椒；贵州仅有 1 种：余庆县粮食购销有限责任公司大凉山商标的大米。

位于湘鄂渝黔 4 省市接壤的武陵山片区，仅有中国名牌农产品 4 种：长阳土家族自治县清江水产协会清江商标的鲴鱼、湖北采花茶业有限公司采花商标的采花毛尖、秭归县柑橘协会秭归脐橙商标的脐橙、余庆县粮食购销有限责任公司大凉山商标的大米。该片区 71 个县（区、市）中 67 个没有中国名牌农产品。

武陵山片区农产品品牌，呈现多、乱、杂、弱、小、散状态。如该片区茶叶品牌众多，仅国家地理标志茶类就有 12 种地理标志产品、15 件地理标志商标、5 种农产品地理标志，其他茶类品牌就更多、乱、杂、弱、小、散了[①]。

武陵山连片农产品生产采用标准化生产的少。国家地理标志（地理标志产品、地理标志商标、农产品地理标志）特产，都具有国家级认定的地理标志知识产权[②]。然而，该片区国家地理标志（47 种国家地理标志产品、67 件国家地理标志商标、29 种国家农产品地理标志）特产中，目前仅有国家质量标准 3 个：GB/T 22736 - 2008 地理标志产品酒鬼酒、GB/T 20358 - 2006 地理标志产品石柱黄连、GB/T19695 - 2008 地理标志产品秀油。该片区其他农产品，采用国际标准或国家标准、行业标准、地方标准、企业标准组织生产的就更少。

5.3　武陵山片区特色农业发展的比较优势

5.3.1　土地资源优势

武陵山片区属我国独具特色的农业区，山地农业为典型特征。武陵山片区位于我国第二阶梯向第三阶梯过渡地带，地势起伏大，地形以高山丘陵为主，平地洼地较少，山地坡度较大。武陵山片区南部丘陵山区域地处内陆，大部分为山地，南岭山脉横亘东西，岩溶地貌典型，地下溶洞多。武陵山片区内人均耕地面积为 0.81 亩，是全国平均水平的 60%。在恩施、湘西、黔江、张家界、怀化和

---

① 孙志国，钟儒刚等. 武陵山片区中国名牌农产品与农业品牌化探讨 [J]. 浙江社会科学，2013（2）：218 - 221.

② 宋敏. 农业知识产权 [M]. 北京：中国农业出版社，2010 (1)：341.

铜仁这六大地区中，除了黔江的人均耕地面积超过全国人均耕地面积，其他地区都与全国人居水平相差较大。独特的山地地形与稀缺的土地资源，可转化为具有发展山地特色农业的比较优势。

从土地类型看，地形地貌多样，富含人体所需的微量元素及成分，为特色产品生产提供了适宜的土地条件。更具独特优势的是，位于三个独特的自然资源带，即气候上的微生物发酵带、土壤中的富硒带和植物群落里的亚麻酸带，为特色经济创造了适宜的自然条件，土地比较优势更加突出。

例如，恩施州土壤类型复杂，有黄壤、棕壤、红壤、黄棕壤、紫色土、石灰土、草甸土、沼泽土、潮土和水稻土等 19 个土类，53 个土属，139 个土种。主要土类的分布和性状随海拔高度变化而有比较明显的垂直分布规律①。

5.3.2　气候条件优势

武陵山片区因其亚热带气候，四季分明，气候温和，雨量充沛，湿度较大。独特的气候条件孕育了多样而独特资源，有"生物基因库""中药材宝库"之美誉。境内生长着各类气候带植物达 4000 多种，中草药 1800 多种，黄连、天麻、杜仲等中药材久负盛名，是我国重要的中药材基地。薇菜、菌类产品猕猴桃等可食用的山野资源俏销海内外。长期的传统农耕文化和产业基础，尤其是不少地方具有特殊的土壤地质条件和特异的山区小气候，明显的山区立体气候，适宜多样性植物生长，开发特色商品的潜力巨大②。

例如，恩施州处在我国东部季风中亚热带的贵州高原——鄂西南山地气候区的东北隅，属中亚热带季风性山地湿润气候。总的特点是冬少严寒，夏无酷热，雾多湿重，雨量充沛。州内河流密布，水质优良，加上工业发展相对滞后，水源基本无污染，植被保存较好，森林覆盖率达 70%，能充分保证农产品品质。

5.3.3　生态资源优势

特色农业具有较强的地域性。武陵山片区是清江、澧水、沅水、资水的发源地，是长江和洞庭湖的水源涵养地和生态屏障，对于维护生态多样性，保持长江中下游水土涵养，减少长江泥沙具有重要作用。武陵山片区森林覆盖率高，生物

① 李忠斌. 武陵山片区特色农业发展的困境及其转向：以恩施州为例 [J]. 湖北社会科学，2012 (12)：70 - 76.

② 石雄. 武陵山民族地区特色农业发展的路径探讨 [J]. 中共铜仁市委党校学报，2012 (5)：74 - 76.

物种多样。中药材和生物物种多样，素有华中"生物基因库"和"中药材宝库"之美誉。

武陵山片区的工业化水平相对低弱，环境污染轻，其农业生产区域基本具备蓝天、绿水，净土等绿色无公害生产条件，优势明显。随着生活水平的提高，人们对安全和健康的要求也越来越高，将越来越重视营养，崇尚绿色环保。武陵山片区的特色产品必将成为工业化水平较高地区的农产品供应地。

5.3.4 产品品质优势

自古以来，武陵山片区就是传统农产品优质区。经过长期物竞天择和人工培育，孕育了包括茶叶、畜禽、果蔬、木材、药材等在内近百种口碑相传的特色产品，品质上具有明显的比较优势，例如，黄连、杜仲、天麻、金银花、空心李、"珍珠"花生、猕猴桃、苔茶、荞麦、土鸡、黑山羊、薯类和豆类加工品等地方特色名优产品。以这些特色优势为基础，各地树立了众多的特色品牌。以铜仁市的茶叶为例，在国内外各种评比中就捧回 45 个奖项，其品质在行业中得到了肯定。

5.3.5 民族文化优势

武陵山片区 2010 年末，总人口 3645 万人，其中城镇人口 853 万人，乡村人口 2792 万人；片区内少数民族人口约占全国少数民族总人口的 1/8，其中民族自治地方少数民族人口 1234.9 万人。境内有土家族、苗族、侗族、白族、回族和仡佬族等 9 个世居少数民族，是我国内陆跨省交界地区面积最大、人口最多的少数民族聚居区。

民族文化资源优势在特色农业中主要体现在以下方面：一是具有民族文化背景的特色农产品的生产和加工，二是渗透着浓厚民族文化的产品营销。我们说，具有民族文化内涵的农产品本身就是差异明显的产品，是其他农产品无法替代的，同时，只有有内涵民族文化的产品营销才能尽快地打入市场，容易被消费者接受。因此，民族文化资源是恩施州发展特色农业的最大优势[①]。

5.3.6 政策倾斜优势

继党中央、国务院做出了西部大开发后，又把武陵山区作为区域发展与扶贫

---

① 李忠斌．武陵山片区特色农业发展的困境及其转向：以恩施州为例 [J]．湖北社会科学西南大学，2012（12）：70－76.

攻坚主战场之一，加大了扶持力度。《武陵山片区区域发展与扶贫攻坚规划（2011～2020 年）》五次出现"特色农业"这一产业词汇，第 5 章第 2 节专门对片区内的特色农业做出规划。2012 年的 5 月 26 日，温家宝总理在武陵山片区扶贫攻坚工作座谈会上跟进一步强调，要"大力发展特色高效农业，推广先进适用技术，加强社会化服务，把武陵山区的油茶、茶叶、中药材、高山蔬菜等特色农产品做出品牌、规模和效益"。随着全面建设小康社会目标步伐的推进，党中央、国务院对武陵山片区的扶持力度将进一步加大[①]。

例如，恩施州既有国家政策的大力支持，也有湖北省政府各项政策的支持，是各项优惠政策的汇集之地。恩施州有少数民族地区、西部大开发、新一轮扶贫开发、"616"对口支援、武陵山少数民族经济社会发展试验区等叠加的政策输入，加上农业部长期定点帮扶，特色农业发展将迎来一个更有利的政策环境。

本 章 小 结

武陵山片区具有发展特色农业，有利于资源深度开发与利用、有利于农业产业结构的调整、有利于农民收入的增加、有利于区域竞争力的增强。但该片区发展特色农业仍存在自然环境恶劣，基础设施薄弱；耕地资源少，机械化程度低；农地制度不健全，土地流转难；农业人口比重大，人力资本存量小；市场体系不完善、农业企业带动力不强等制约因素。我们要清醒地看到武陵山发展特色农业具有独特的优势：土地资源优势、气候条件优势、生态环境优势、产品品质优势、民族文化优势和政策倾斜优势等。本章从武陵山片区发展特色农业战略意义出发，并分析整个片区发展特色农业的制约因素，并阐述了发展特色农业的比较优势。

---

① 李忠斌. 武陵山片区特色农业发展的困境及其转向：以恩施州为例 [J]. 湖北社会科学，2012（12）：70 – 76.

第6章

武陵山片区特色农业发展中
农户合作意愿

6.1 数据调查说明

6.1.1 问卷设计

问卷是基于研究的内容设计的，问卷的内容包括被调研农户的地区分布情况、被调查农户基本情况（包括被调查农户的人数分布、年龄分布、身份情况、受教育程度、对合作组织的认知度、从事农产品生产的种类、产生成本、经营过程中面临的困难、对农产品服务组织的满意度以及政府的支持力度等）、被调查农户参与合作的情况（包括参加合作组织的途径、目的以及未参加的原因等）、被调查农户对合作组织的评价情况（包括农户是否有必要加入合作组织，对参与合作的公司或企业的满意度，参与合作组织是否能给您带来收益，是否愿意继续参与合作，对合作组织的意见和建议等）进行问卷调查。

问卷设计进行调试调查后，重新进行了改进，对农民难以理解的地方进行了修改，对农民不愿意回答的问题进行了删除。由于数据的收集来源分别武陵山片区，所涵盖的人群分布较广，尤其是不同民族的文化传统存在很大的差异性，因此，问卷初步设计以后，分别和武陵山片区相关政府部门人员进行了研究和改进，以达到适合不同市情和调查的需要。

6.1.2 调查实施

从调查的科学性来说，应该严格按照抽样调查方法来选择样本，但是由于现实中各种条件的限制。本书充分利用了学校的资源优势，由长江师范学院财经学院的部分学生组成调查组，利用 2012 年暑假，在武陵山片区部分地区进行了调查。为了提高数据来源的可信度，调查前，对参与调查的学生进行了集中系统的培训，对问卷中涉及的各个问题进行详细的说明，并要求学生在调查时先去拜访当地的农业主管部门，从宏观上了解该地区农民参与经济合作的总体情况，然后根据当地主管部门提供的信息，随机选取 1~3 个乡镇，每个乡镇选取 2~3 个村，进行入户调查。调查方法以实地问卷调查为主，即由调查人员把调查表交给被调查农户，向被调查农户说明填表的要求和方法，并对有关注意事项加以解释说明，由被调查农户按实际情况填写后回收，或者由调查人员与被调查农户进行面对面的口头问答、记录后回收。

6.1.3 样本基本情况

6.1.3.1 地区分布

本次调查具体地区分布为：重庆的丰都县、石柱土家族自治县、秀山土家族苗族自治县、酉阳土家族苗族自治县和武隆县；贵州铜仁地区的江口县、玉屏侗族自治县、石阡县等；湖北宜昌市的秭归县、来凤县、鹤峰县；湖南怀化市的沅陵县和辰溪县。其中，铜仁地区 49 人，重庆丰都县 39 人、石柱土家族自治县 40 人，秀山土家族苗族自治县 50 人，酉阳土家族苗族自治县 20 人，武隆县 35 人。贵州铜仁地区的江口县 30 人，石阡县 30 人；湖北宜昌市的秭归县 60 人，来凤县 23 人，鹤峰县 20 人；湖南怀化市的沅陵县 26 人和辰溪县 35 人。本次调查共收回问卷 735 份，经过整理最终得到了 457 份有效问卷。

6.1.3.2 年龄分布

从年龄上来看，在被调查的 457 农户中，年龄在 30 岁以下的 141 人，占 30.9%；30~45 岁的 164 人，占 35.8%；45 岁以上的 152 人，占 33.31%（见表 6-1）。

6.1.3.3 文化程度

从受教育程度来看，在被调查的 457 农户中，接受小学教育的 184 人，占 40.26%；接受初中教育的 197 人，占 43.11%；接受高中教育的 54 人，占 11.81%；接受大专教育的 8 人，占 1.17%；接受本科教育的 13 人，占 2.84%；接受研究生及以上教育的 1 人，占 0.22%（见表 6-1）。

6.1.3.4 社会身份

从社会身份上来看，在被调查的 457 农户中，其中村干部 34 人（见表 6 - 1）。

表 6 - 1　　　　　被调查农户年龄、受教育程度、和身份情况

变量	类别	频次	有效百分比（%）
被调查农户年龄分布	30 岁以下	141	30.9
	30 ~ 45 岁	164	35.8
	45 岁以上	152	33.3
被调查农户受教育程度	小学	184	40.26
	初中	197	43.11
	高中	54	11.81
	大专	8	1.17
	本科	13	2.84
	研究生及以上	1	0.22
被调查农户社会身份	村干部（人）	34	7.44
	普通农民（人）	423	92.56

6.2　农户参与合作意愿的描述性分析

本部分就农户所在村庄参与合作的认知、通过哪些途径加入的目的、加入合作组织主要目的、帮助农户进行商品生产的服务组织有哪些？在市场竞争中能够代表并保护农民利益的组织有哪些？在生产经营中遇到的困难主要哪些方面以及不愿加入的原因是什么？进行问卷调查。

6.2.1　农户对参与合作的认知

在被调查的 457 个农户中，有 281 人认为有必要参加农合组织；有 176 人认为没必要参加农合组织（见图 6 - 1）。

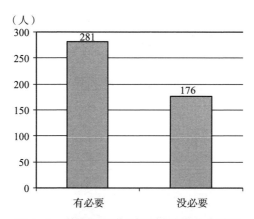

图 6 - 1　被调查农户是否愿意参加合作情况

6.2.2　农户参与合作的目的

农户参加合作组织的农户多种多样，有时目的也不是单一的。农户为获得技术服务加入合作组织的 200 人；为满足资金需求加入合作组织的 168 人；为获得农产品价格、销路等信息服务加入合作组织的 166 人；为获得种子、化肥等生产资料供应服务加入合作组织的 113 人；为获得农产品消费服务加入合作组织的 65 人；为把土地交给合作社经营加入合作组织的 44 人；家庭都加入，我也加入的 43 人；为解决产业生产中的劳动不足加入的 3 人（见图 6 - 2）。

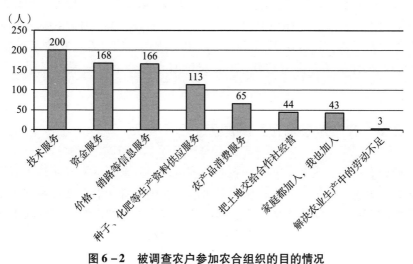

图 6 - 2　被调查农户参加农合组织的目的情况

对愿意参与农合组织的农户进行调查，发现被调查者参与农合组织的目的也不尽相同，具体情况见农户参与合作组织的目的分析见表6－2。

表6－2　　　　　　　　　　农户参与合作组织的目的分析

加入合作组织的目的	频数	百分比（%）
技术服务	200	24.94
资金服务	168	20.95
价格、销路等信息服务	166	20.70
种子、化肥等生产资料供应服务	113	14.09
农产品消费服务	65	8.10
把土地交给合作社经营	44	5.49
家庭都加入，我也加入	43	5.23
解决农业生产中的劳动不足	4	0.50
合计	802	100

注：本题是多选题，故合计数不等于457。

分析表明：农户参与合作主要是为获得技术服务，可见，农户认为农合组织和其他组织相比较而言，首先是提供的技术服务专业性更强，值得信赖；其次是获得资金、价格和销路等信息服务；最后是为获得种子、化肥等生产资料供应和农产品消费方面的服务。存在大约5.49%的农户选择参与合作是因为希望把土地交给合作社来经营；还有5.36%的农户是出于从众心理，看到其他家庭都加入，才选择加入农合组织；仅有约0.5%的农户加入农合组织是因为家庭劳动力的不足。

6.2.3　农户未参与合作的原因

被调查农户中，有的未能参加农业经济组织，就未能参加农业经济组织的原因，认为因为不了解的178人；认为对自己的生产经营帮助不大，参加了也没有多少实惠的134人；认为当地没有合作经济组织可参加的105人；认为不相信这些合作组织能够办好的57人；害怕搞财产公有化的37人；因为其他原因的101人（见图6－3）。

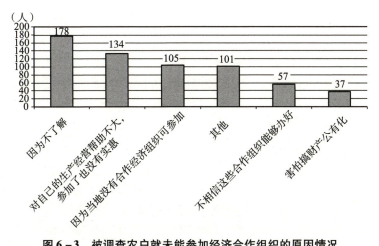

图6-3 被调查农户就未能参加经济合作组织的原因情况

6.2.4 农户是否愿意继续参与合作

在被调查的457个农户中，有309人愿意继续参与农民合作；有148人不愿意继续参与农民合作（见图6-12）。

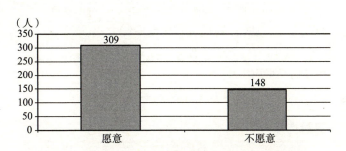

图6-4 被调查农户就是否愿意继续参与合作的情况

6.3 实证模型分析

6.3.1 模型建立与变量选择

6.3.1.1 模型建立

本书旨在分析影响农户参合意愿的影响因素，在上述理论分析的基础上，将农户的参合意愿分为两种情况来进行分析，愿意参与合作和不愿意参与合作，即农户是否愿意参加农业合作组织是一项二分变量，因此，运用 Logistic 模型对影响农户参与农业合作组织的意愿进行因素分析。Logistic 回归模型是一种概率模型，它是以某一事件发生与否的概率 P 为因变量，以影响 P 的因素为自变量建立的回归模型，分析某事件发生的概率与自变量之间的关系，是一种非线性回归模型。农户的参合意愿，主要是研究农户参与合作的概率 $y_{j(j=1,0;1表示愿意参加,0表示不愿意参加)}$ 与自变量 $x_{i(i=1,2,3,\cdots,24;对农户参合意愿可能有影响的24项因素)}$ 之间的关系。Logistic 模型的基本形式为：

$$Q(y=0\mid x)=\frac{1}{1+\exp(\beta_0+\beta_1 x_1+\beta_2 x_2+\cdots+\beta_{24}x_{24})} \tag{6.1}$$

$$P(y=1\mid x)=\frac{\exp(\beta_0+\beta_1 x_1+\beta_2 x_2+\cdots+\beta_{24}x_{24})}{1+\exp(\beta_0+\beta_1 x_1+\beta_2 x_2+\cdots+\beta_{24}x_{24})} \tag{6.2}$$

$$\frac{P(y=1\mid x)}{Q(y=0\mid x)}=\exp(\beta_0+\beta_1 x_1+\beta_2 x_2+\cdots+\beta_{24}x_{24}) \tag{6.3}$$

注：因变量 $y_{j(j=1,0)}$ 代表农户是否愿意参与合作组织，是 =1，否 =0。自变量 $x_{i(i=1,2,3,\cdots,24)}$ 表示影响农户参合意愿的因素，模型中一共考虑了 3 个方面共 24 项因素。P 代表农户愿意参与合作的概率，Q 代表农户不愿意参与合作的概率，因此 P+Q=1。式中 β_0 为截距，$\beta_k(k=1, 2, \cdots, 24)$ 称偏回归系数。

式（6.1）称为 Logistic 回归模型，将模型进行 Logit 变换，把 S 形曲线转化为直线。对式（6.3）两边取自然对数得线性回归方程：

$$\ln(P/Q)=\beta_0+\beta_1 x_1+\beta_2 x_2+\cdots+\beta_{24}x_{24} \tag{6.4}$$

记 $y_j=\ln(P/Q)$，则变形为：

$$y_j=\beta_0+\beta_1 x_1+\beta_2 x_2+\cdots+\beta_{24}x_{24} \tag{6.5}$$

6.3.1.2 变量选择

式（6.5）中的因变量 $y_{j(j=1,0)}$ 代表农户是否愿意参与合作组织，是 =1，否 =0。自变量 $x_{i(i=1,2,3,\cdots,24)}$ 表示影响因素，模型中考虑的影响因素主要是三个方面：第一部分是行政村特征（x_1，x_2，x_3，x_4，）；第二部分是农户特征（x_5，x_6，x_7，x_8，x_9，x_{10}，x_{11}，x_{12}，x_{13}，x_{14}，x_{15}，x_{16}，x_{17}，x_{18}，x_{19}）；第三部分是农户参与合作组织的情况（x_{20}，x_{21}，x_{22}，x_{23}，x_{24}）。实证分析方法的运用要结合研究目的，并具有一定的社会经济意义。该部分数理统计的研究目的在于筛选出对农户参与农业合作组织的意愿有潜在影响的因素，然后从经济基础和上层建筑两个方面着手，引导和组织农户的意愿及行为，以促进农业合作组织的发展，为农户提供更多的支持和服务，提高农户农业生产经营活动的产出比，改善农民的经济状况。在分析的过程中尽可能考虑较多的自变量，以便考察出更多的影响因素，来改善目前农户参与农业合作组织的现状。表 6 – 3 是这些变量的名称、含义和赋值。

表 6 – 3　　　　　　　　　制约农户参与合作的影响变量描述

	变量名称		含义及取值范围
变量	y_1	农户参与合作组织意愿	农户是否愿意参与合作组织。是 =1，否 =0
自变量	第一部分行政村特征	x_1　村庄耕地总面积	被调查村庄的耕地总面积。单位：亩
		x_2　农户人均年收入	村民每年的人均收入。单位：元
		x_3　是否通电话	该村庄是否通电话。是 =1，否 =0
		x_4　是否安装有线电视	该村庄是否安装有线电视。是 =1，否 =0
	第二部分农户特征	x_5　社会身份	被调查农户的社会身份。1 = 村干部，2 = 普通农民
		x_6　对合作组织的认知程度	1 = 没听说过，2 = 听说过但不太了解，3 = 了解，4 = 非常了解
		x_7　是否有外出打工或者经商的经历	农户是否有外出打工或者经商的经历。是 =1，否 =0
		x_8　家庭现耕地总面积	农户全部家庭成员拥有的耕地面积之和。单位：亩
		x_9　生产经营的农产品种类	1 = 种植业，2 = 种植业、养殖业，3 = 种植业，养殖业和非农产业
		x_{10}　家庭年总收入水平	单位：元
		x_{11}　家庭主要收入来源	1 = 农业（种植业、养殖业），2 = 非农业（打工、个体经营）
		x_{12}　每年从事农产品生产的成本水平	1 =2000 元以下，2 = 2000 ～4000 元，3 = 4001 ～6000 元，4 = 6001 ～8000 元，5 = 8001 ～10000 元，6 =10000 元以上
		x_{13}　农产品销售的困难程度	1 = 没有困难，2 = 困难很小，3 = 比较困难，4 = 困难较大，6 = 困难很大
		x_{14}　农业生产经营中的技术困难程度	1 = 没有困难，2 = 困难很小，3 = 比较困难，4 = 困难较大，6 = 困难很大
		x_{15}　农业生产经营中的资金困难程度	1 = 没有困难，2 = 困难很小，3 = 比较困难，4 = 困难较大，6 = 困难很大

变量名称			含义及取值范围
自变量	第二部分 农户特征	x_{16}	您对农技部门所提供服务的满意程度	1 = 很不满意, 2 = 不满意, 3 = 较满意, 4 = 满意, 5 = 很满意
		x_{17}	您对公司企业所提供服务的满意程度	1 = 很不满意, 2 = 不满意, 3 = 较满意, 4 = 满意, 5 = 很满意
		x_{18}	您对供销社所提供服务的满意程度	1 = 很不满意, 2 = 不满意, 3 = 较满意, 4 = 满意, 5 = 很满意
		x_{19}	您对村社区经济组织所提供服务的满意程度	1 = 很不满意, 2 = 不满意, 3 = 较满意, 4 = 满意, 5 = 很满意
	第三部分农户参与合作情况	x_{20}	您加入合作组织的主要目的是否为获得技术服务	是 = 1，否 = 0
		x_{21}	您加入合作组织的主要目的是否为获得价格、销路等信息	是 – 1，否 – 0
		x_{22}	您在农业生产经营中的主要困难是否有体现在农产品销售方面	是 = 1，否 = 0
		x_{23}	您在农业生产经营中的主要困难是否体现在水利设施、机耕、病虫害防治等方面	是 = 1，否 = 0
		x_{24}	您对合作组织能带来收益的信任程度	1 = 不能带来收益, 2 = 持怀疑态度, 3 = 能够带来收益

6.3.2 变量描述性统计分析

所设计的问卷中涵盖了被调查村基本情况、被调查农户情况、农户参与合作情况、对合作组织的评价 4 部分内容，其中被调查村基本情况中涉及 15 项因素调查、被调查农户情况涵盖了 28 项因素调查、农户参与合作情况包括 7 项因素、对合作组织的评价分了 6 种情况。根据模型设计和前文规范及实证分析的结果，选取了问卷设计中的 24 项可能对农户参合意愿有影响的因素进行分析。24 项因素的描述性统计分析结果见表6-4。

表6-4　　　　　　　　　　**变量的描述性统计分析**

变量	N	最小值	最大值	总数	平均值	标准差
y_1	457	0	1	281	0.61	0.487
x_1	457	120.00	12200.00	978187.00	2140.45	2409.15
x_2	457	240.00	10000.00	1342060.00	2936.68	1685.68
x_3	457	0	1	413	0.90	0.30
x_4	457	0	1	343	0.75	0.43
x_5	457	1	2	877	1.93	0.26
x_6	457	1	4	992	2.18	0.85
x_7	457	0	1	338	0.74	0.44
x_8	457	0.5	40.00	1983.40	4.3400	3.52
x_9	457	1	3	613	1.34	0.72
x_{10}	457	1000.00	100000.00	12548582.00	27518.82	19042.73
x_{11}	457	1	2	724	1.58	0.50
x_{12}	457	0	6	921	2.01	1.16
x_{13}	457	1	5	1069	2.35	1.08
x_{14}	457	1	5	1408	3.08	1.10
x_{15}	457	1	5	1364	2.98	1.16
x_{16}	457	1	5	1077	2.49	0.89
x_{17}	457	1	5	1056	2.47	0.94
x_{18}	457	1	5	899	1.97	1.168
x_{19}	457	1	5	1125	2.58	0.927
x_{20}	457	0	1	200	0.44	0.497
x_{21}	457	0	1	166	0.36	0.481
x_{22}	457	0	1	208	0.46	0.499
x_{23}	457	0	1	251	0.55	0.498
x_{24}	457	1	3	1122	2.46	0.613

　　描述性分析变量结果表明：x_1村庄耕地总面积、x_2村民人均收入、x_{10}家庭年总收入水平样本数据的波动较大，由于不同地区不同村庄耕地占用情况不同，所以各个村庄耕地总面积差别很大；村民人均收入、家庭年总收入水平相差较

大，是因为不同地区不同村庄的耕地面积差别较大、农户从事的农产品生产经营种类不同、家庭主要收入来源不同等方面的原因造成的。

6.3.3 Logistic 回归结果及其进一步分析

6.3.3.1 Logistic 回归结果

模型估计结果，本书使用 SPSS 17.0 软件对样本数据进行 Logistic 回归分析。检验结果表明，模型具有较好的拟合优度，有进一步讨论的价值。检验结果见表 6-5。

表 6-5 影响 y_1 参与合作组织意愿的因素分析

变量	B	S. E.	Wald	df	Sig.	Exp（B）
x_2	0.001	0.001	6.456	1	0.011	1.000
x_3	-1.227	0.551	4.970	1	0.026	0.293
x_5	-0.595	0.295	4.066	1	0.044	0.552
x_6	0.597	0.248	5.789	1	0.016	1.817
x_{12}	0.533	0.219	5.932	1	0.015	1.704
x_{15}	0.937	0.238	15.509	1	0.000	2.552
x_{16}	1.164	0.383	9.208	1	0.002	3.202
x_{20}	1.024	0.468	4.800	1	0.028	2.785
x_{21}	-2.183	0.588	13.788	1	0.000	0.113
x_{23}	1.292	0.445	8.416	1	0.004	3.641
x_{24}	3.335	0.466	51.115	1	0.000	28.066
Hosmer 和 Lemeshow 检验	卡方值（df）	10.040（8）				
	显著性水平	0.262				
模型系数的综合检验	卡方值（df）	234.538（24）				
	显著性水平	0.000				
-2 Log Likelihood	186.375					
Cox & Snell R^2	0.528					
Nagelkerke R^2	0.741					
模型预测准确率（%）	87.8					
初始预测准确率（%）	59.6					

分析资料表明：与 y_1 正向相关的变量有：x_2 村民人均收入、x_6 对合作组织的认知程度，x_{12} 每年从事农产品生产的成本水平，x_{15} 农业生产经营中的资金困难程度，x_{16} 您对农技部门所提供服务的满意程度、x_{20} 您加入合作组织的主要目的是否为获得技术服务，x_{23} 您在农业生产经营中的主要困难是否体现在水利设施、机耕、病虫害防治等方面，x_{24} 您对合作组织能带来收益的信任程度。与 y_1 负向相关的变量有 x_3 村庄是否通电话，x_5 社会身份，x_{21} 您加入合作组织的主要目的是否为获得价格、销路等信息。

6.3.3.2　行政村特征的影响

在第一部分行政村特征中，影响参合意愿的主要因素有 x_2 村民人均收入、x_3 村庄是否通电话，其中，x_2 与 y_1 正向相关，x_3 与 y_1 负向相关。可见，农户人均收入越高，越倾向于参与农业合作经济组织；村庄是否通电话这一因素反映了一个村基本的基础设施建设情况，基础设施越不完善的村庄，参与农合组织的意愿越强烈，他们更倾向于向农合组织寻求帮助，改善现有社会环境，提高经济收入。

6.3.3.3　农户特征的影响

第二部分农户特征中的影响因素主要有，x_5 社会身份，x_6 对合作组织的认知程度，x_{12} 每年从事农产品生产的成本水平，x_{15} 农业生产经营中的资金困难程度，x_{16} 您对农技部门所提供服务的满意程度。其中，x_6、x_{12}、x_{15}、x_{16} 与 y_1 正向相关，x_5 与 y_1 负向相关。分析资料表明：农户对合作组织的概念、作用、性质、参与成员应具备的权力等内容越了解，参合的意愿越强烈。可见，现有的农业组织应加大宣传力度，提高农户对对合作组织的认知程度。农户每年用于农产品生产的资金越多，越乐于参与到农合组织中，以降低自身生产经营方面的风险，将所可能产生的资金风险降至最低；农户在生产经营中的资金困难程度，也是影响参合意愿的重要因素之一，获取资金的渠道越困难，越倾向于向农合组织寻求资金支持，从而强化了参与农业合作经济组织的意愿；另外，农户对现有农技部门提供的服务满意度越高，参合意愿越强烈。从社会身份对参合意愿的影响来看，具有干部身份的农户较普通农户而言，参合意愿更强烈，这主要是由于两个方面的原因：首先，具有干部身份的农户对农合组织的作用、性质、参与成员应具备的权力等内容更了解。其次，农业组织对于农户而言，作为一项新兴事物，需要村干部带头参加，从而调动起村民加入组织的积极性。

6.3.3.4　农户参与合作情况的影响

第 3 部分农户参与合作情况的影响因素主要有，x_{20} 您加入合作组织的主要目的是否为获得技术服务，x_{21}您加入合作组织的主要目的是否为获得价格、销路等信息，x_{23}您在农业生产经营中的主要困难是否体现在水利设施、机耕、病虫害防治等方面，x_{24}您对合作组织能带来收益的信任程度，其中，x_{20}、x_{23}、x_{24}与y_1正向相关，x_{21}与y_1负向相关。从这项分析可以表明，农户普遍认为农业合作经济组织提供的技术、水利设施、机耕、病虫害防治等方面的服务专业性更强，当生产经营中出现该方面的困难时，首先会寻求农业合作经济组织的帮助；农户对合作组织能带来收益的信任程度和参合意愿呈显著的正相关关系，农户作为理性的经济人，该行为表现方式是完全符合理性经济人假定的，即人类在根据经济分析，选择相应的经济行为时的一个基本假定，农户作为经济决策的主体是充满理性的，他所追求的目标都是使自己的利益最大化。此外，分析资料表明农户参与合作也并不主要是为了获取价格、销路等方面信息，具体的农户参与农业合作的目的根据农户实际情况不同而不同。

6.4 结 论

农业合作组织目前在武陵山片区广泛存在。总体来看，有61.5%的农户认为有必要加入农合组织，从根本上保证了现有农合组织的稳定性及其健康持续发展。但是，实证分析结果也表明：村民人均收入、村庄是否通电话、农户社会身份、对合作组织的认知程度、每年从事农产品生产的成本水平、农业生产经营中的资金困难程度、对农技部门所提供服务的满意程度、加入合作组织的主要目的是否为获得技术服务、加入合作组织的主要目的是否为获得价格、销路等信息、在农业生产经营中的主要困难是否体现在水利设施、机耕、病虫害防治等方面、对合作组织能带来收益的信任程度因素，都不同程度地对农户的参合意愿产生了显著影响。

其中，农户人均年收入、农户的社会身份、对合作组织的认知程度、每年从事农产品生产的成本水平变量的影响相对较大。可见，农户人均收入越高，越倾向于参与农业合作经济组织；从社会身份对参合意愿的影响来看，具有干部身份的农户较普通农户而言，参合意愿更强烈；农户对合作组织的概念、作用、性质、参与成员应具备的权力等内容越了解，参合的意愿越强烈；农户每年用于农产品生产的资金越多，越乐于参与到农合组织中。

此外，农业生产经营中的资金困难程度、农户对农技部门所提供服务的满意程度、农户在农业生产经营中的主要困难是否体现在水利设施、机耕、病虫害防治等方面、农户对合作组织能带来收益的信任程度变量的影响非常重要。实证分析表明：农户在生产经营中资金困难程度越大，越倾向于向农合组织寻求帮助；农户对现有合作组织提供的服务满意度越高，越乐于参与农合组织；农户普遍认为农业合作组织提供的关于水利设施、机耕、病虫害防治等方面的服务专业性更强，所以存在这些方面苦难的时候，首先寻求农合组织的帮助；农户认为农业合作组织带来收益的可能性越大，参与意愿越强烈。

本 章 小 结

基于研究内容设计了问卷，问卷的内容包括被调研农户的地区分布情况、被调查农户基本情况、被调查农户参与合作的情况、被调查农户对合作组织的评价情况等。在对农户总体情况描述的基础上，就农户对参与合作的认知、参与合作的目的、参与合作的途径、对参与合作是否能带来收益、未参与合作的原因、是否愿意继续参与合作以及农户对各类服务组织的满意度进行了描述性分析。重点比较分析了农户加入合作社前后的家庭劳动力利用、种植业生产经营情况以及资金获取情况、技术服务获取情况、农资供应情况、农产品营销服务情况对农民收入变化的影响。

本章从被调查农户的总体情况描述分析出发，分析了农民参与合作的基本情况，比较了农民参与合作前后的基本情况。

第 7 章

武陵山片区特色农业发展中
农户合作效应

7.1 样本总体情况描述

7.1.1 农户家庭经营土地情况

通过对被调查农户的家庭经营土地情况调查，发现被调查的 457 家农户家庭承包土地情况为：承包一熟田的稻田平均亩数为 6.8172 亩，承包一熟田的稻田平均亩数为 8.9722 亩；承包缓坡旱地的平均亩数为 5.0789 亩；承包有林地的林地亩数为 17.8 亩，承包无林地的林地亩数为 8.1819 亩；承包草山草坡的草地亩数为 7.4167 亩，承包荒滩的草地亩数为 7.25 亩；承包水面亩数为 1 亩；可开发的未利用土地为 5.1667 亩；宅基地为 29.4596 亩。

7.1.2 农户从事农产品生产的种类及生产成本情况

从农户从事产品生产的种类来看，在被调查的 457 农户中，从事种植业的 369 人，占 80.74%；从事养殖业的 20 人，占 4.38%；从事非农产业的 68 人，占 14.88%（见图 7-1）。

从农户从事产品生产所需成本来看，在被调查的 456 农户中，从事农产品生产每年需支付的成本在 2000 元以下的 179 人；每年需支付 2021~4000 元的 169 人；每年需支付 6001~8000 元的 26 人；每年需支付 8001~10000 元的 5 人；每年需支付 10000 以上的 14 人（见图 7-2）。

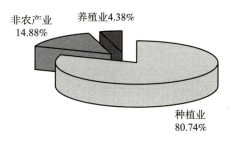

图 7 - 1　被调查农户从事农产品生产种类

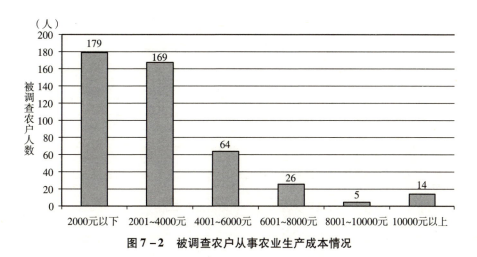

图 7 - 2　被调查农户从事农业生产成本情况

7.1.3　农户从事生产活动面临的困难情况

7.1.3.1　生产技术

在被调查的 457 农户中，在农产品经营过程中，认为没有技术方面困难的 47 人；认为技术困难很小的 68 人；认为比较困难的 190 人；认为困难较大的 105 人；认为困难很大的 47 人（见图 7 - 3）。

7.1.3.2　耕种土地

在被调查的 457 农户中，在农产品经营过程中，认为土地方面没困难的 123 人；认为困难很小的 165 人；认为比较困难的 120 人；认为困难较大的 42 人；认为困难很大的 7 人（见图 7 - 4）。

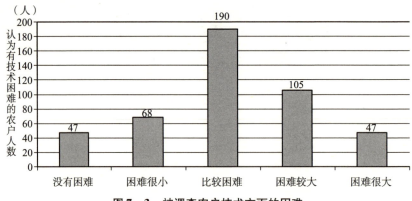

图7-3 被调查农户技术方面的困难

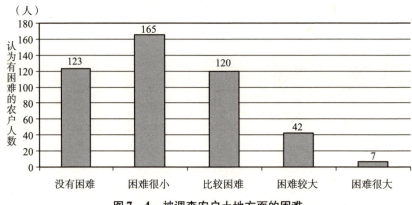

图7-4 被调查农户土地方面的困难

7.1.3.3 资金投入

在被调查的457农户中，在农产品经营过程中，认为资金方面没困难的55人；认为困难很小的90人；认为比较困难的172人；认为困难较大的87人；认为困难很大的53人（见图7-5）。

7.1.3.4 水利设施等其他方面

被调查农户中，在农业生产过程中认为在水利设施、机耕、病虫害防治等方面遇到的困难的251人；认为农忙时缺乏劳动力的220人；认为农产品销售方面的208人；认为生产信息服务方面的11人；认为农业生产资料购买方面的85人（见图7-6）（注：此题为多选题目）。

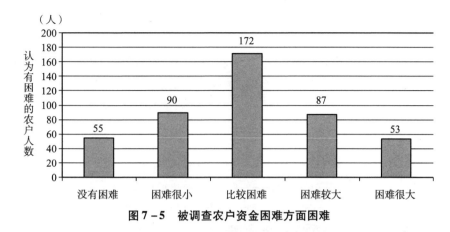

图 7 - 5 被调查农户资金困难方面困难

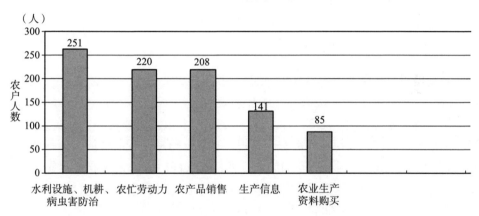

图 7 - 6 被调查农户对在生产过程中遇到困难

7.2 农户参与合作的途径及其满意度

7.2.1 农户参与合作的具体途径

在被调查的 457 户农户中，加入合作组织有 320 户，其中，农户经过乡镇政府或村委员动员参加 105 人，占 32.81%；通过亲戚邻居介绍参加的 95 人，占 29.69%；农技相关部门号召参加的 12 人，占 3.75%；自己主动参加的 108 人，占 33.75%（见图 7 - 7）。

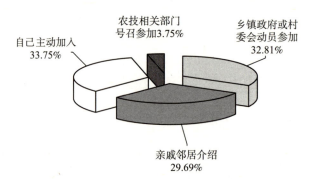

图 7 - 7　被调查农户参加农合组织的途径

7.2.2 农户参与合作的满意度

7.2.2.1 农户对现有农合组织的满意度

调查表明，在被调查的 457 户农户当中，有 281 人认为有必要加入农合组织，占 61.5%；有 176 人认为没必要加入农合组织，占 38.5%。对农户参与合作的途径调查分析表明：有 32.8% 的农户是通过乡镇政府或村委会动员参加的，29.7% 是经亲戚邻居介绍加入的农合组织，33.8% 则是自己主动加入的，另外还有 3.8% 是农技相关部门号召参加的。可见，相关部门应加大对农业合作组织作用、性质和参合成员应享有权利等方面的宣传教育，提升人们对农合组织的认知程度。

在被调查的地区中存在的农业组织主要有：当地农技部门、公司企业、供销社、农村信用社和村社区经济组织五种。被调查农户对不同合作组织的满意度也有所不同，对现有农合组织的满意度分布情况，如表 7 - 1 所示。

表 7 -1　　　　　　　　　现有农合组织的满意度分布　　　　　　单位：%

农合组织	很不满意	不满意	较满意	满意	很满意	合计
当地农技部门	10. 4	44. 2	33. 1	10. 2	2. 1	100
公司企业	11. 7	47. 7	25. 2	13. 1	2. 3	100
供销社	52. 1	16. 2	15. 3	15. 8	0. 7	100
农村信用社	3. 7	11. 3	50. 5	26. 9	7. 6	100
村社区经济组织	8. 7	44. 3	29. 6	15. 1	2. 3	100

根据表7-1资料可得：农户对农村信用社提供的服务满意度最高，其中很满意的比率高达7.6%，满意为26.9%，较满意的达到50.5%，不满意和很不满意仅为15%；其次是农户对村社区经济组织提供服务的满意度，其中很满意的比率达到2.3%，满意为15.1%，较满意的达到29.6%，不满意和很不满意的概率为53%；农户满意度排在第三位的是当地农技部门，满意度（包括较满意、满意，很满意）为45.4%，不满意（包括不满意和很不满意）的概率达到54.6%；农户满意度排在第四位的是公司企业，满意度为40.6%，不满意的概率达到59.4%；农户满意度最低的农业合作组织是供销社。其中很不满意的比率高达52.1%，不满意为16.2%，较满意和满意的概率达到31.1%，很满意的概率仅达到0.7%。

7.2.2.2　农户对各类服务组织的满意度

（1）对供销社的满意度。在被调查的457农户中，对供销社为农户在农产品经营过程中提供的服务，认为很不满意的238人，占52.07%；认为不满意的74人，占16.19%；认为较满意的70人，占15.32%；认为满意的72人，占15.76%；认为很满意的3人，占0.66%（见图7-8）。

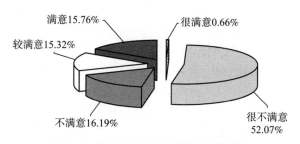

满意15.76%　　很满意0.66%
较满意15.32%
不满意16.19%
很不满意 52.07%

图7-8　被调查农户对供销社的满意度

（2）对农村信用社的满意度。在被调查的457农户中，有432户接受了农村信用社的服务。在这432户农户中，对农村信用社为农户在农产品经营过程中提供的服务，认为很不满意的16人，占3.71%；认为不满意的49人，占11.34%；认为较满意的218人，占50.46%；认为满意的116人，占26.85%；认为很满意的33人，占7.64%（见图7-9）。

（3）对社区经济组织的满意度。在被调查的457农户中，有436户接受了村社区经济组织的服务。在这436户农户中，对村社区经济组织为农户在农产品经营过程中提供的服务，认为很不满意的38人，占8.72%；认为不满意的193人，占44.27%；认为较满意的129人，占29.58%；认为满意的66人，占15.14%；认为很满意的10人，占2.29%（见图7-10）。

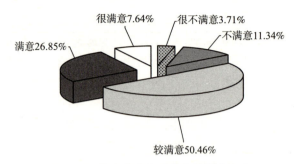

图 7 - 9　被调查农户对信用社的满意度

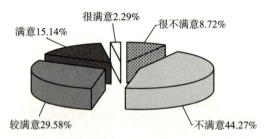

图 7 - 10　被调查农户对村社区经济组织的满意度

（4）农户对保护农户利益的组织评价。被调查农户中，就哪些服务组织在市场经济中能够保护农民的利益，有着不同的看法，认为乡镇政府的 266 人；认为农民自己办的合作组织的 169 人；认为供销社的 92 人；认为社区集体经济组织的 80 人；认为没有组织能够代表农民利益的 80 人；认为各种农商龙头企业的 68 人（见图 7 - 11）。（注：此题为多选题）

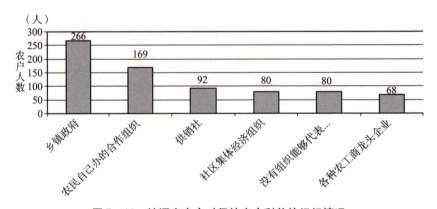

图 7 - 11　被调查农户对保护农户利益的组织情况

7.3　农民加入合作社的效应分析

7.3.1　农户对参与合作是否能带来收益的数据描述

在被调查的 457 个农户中，有 237 人相信农村合作组织能够给自己带来收益；有 29 人认为合作组织不能给自己带来收益；有 191 人对合作组织是否能够给自己带来收益持怀疑态度（见图 7 - 12）。

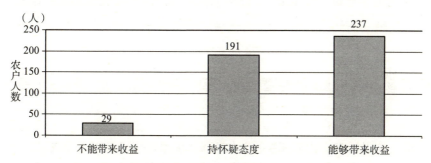

图 7 - 12　被调查农户对合作组织是否能带来收益认知情况

7.3.2　家庭劳动力利用情况比较

为了更直观地反映农户加入合作组织以后，各方面情况对比分析，本书再次组织了一次调研活动。本次调研的对象主要是加入农业合作组织的农户，目的在于获取农户加入合作组织前后经济效益的变动情况。本次调研包含 300 户农户。

通过本部分的分析，主要来考察农户加入合作社前后，从事不同的生产经营活动取得收入的变化情况。具体的分析方法为：把农户加入合作社前两年的数据进行平均，得到加入前收入的平均数；将农户加入合作社三年来的收入数据进行平均，得到加入后收入的平均数。以期通过加入前后平均数的比较，发现收入变化情况。

将加入合作社的农户的收入情况进行描述性分析。分析表明：300 户（通过调查发现多少农户加入了合作社，则是多少户）农户中从事种植业的农户在加入合作社前两年的平均收入为 32210.65 元、农户加入合作社前两年从事养殖业的年平均收入为 43552.93 元、农户加入合作社前两年从事自主经商的年平均收入为 41750 元、农户加入合作社前两年从事自主办厂的年平均收入为 56266.67 元、农户加入合作社前两年从事农业服务的年平均收入为 27770.19 元、农户加入合作社前两年从事农技服务的年平均收入为 14000 元、农户加入合作社前两年从事打工的年平均收入为 45820.625 元、农户加入合作社前两年从事其他的年平均收入为 25360 元。

农户加入合作社后三年从事种植业的年平均收入为 42279.05 元、农户加入合作社后三年从事养殖业的年平均收入为 48905.581 元、农户加入合作社后三年从事自主经商的年平均收入为 44200 元、农户加入合作社后三年从事自主办厂的年平均收入为 58111.11 元、农户加入合作社以后从事农业服务的年平均收入为 32310.94 元、农户加入合作社以后从事农技服务的年平均收入基本为 0 元、农户加入合作社以后从事打工的年平均收入为 10455.2805 元、农户加入合作社以后从事其他的平均收入的基本为 0 元。

7.3.3　种植业生产经营情况比较

通过本部分的分析，主要来考察农户加入合作社前后，不同土地类型的产量、产值、人工成本、物资成本的变化情况。具体的分析方法为：把农户加入合作社前两年的数据进行平均，得到加入前产量、产值、人工成本、物资成本的平均数；将农户加入合作社三年来的数据进行平均，得到加入后的产量、产值、人工成本、物资成本平均数。以期通过加入前后平均数的比较，发现产量、产值、人工成本、物资成本变化情况。

7.3.4　资金获取情况对农民收入变化的影响分析

7.3.4.1　变量说明

入社前后的资金获取情况对农民收入的影响是显而易见的，本文选取了 6 个指标来说明农民入社前后的资金获取情况，并且作为自变量处理。这 6 个自变量分别是获取无息贷款指标（F_1）、获取低息贷款指标（F_2）、获取抵押贷款指标（F_3）、获取担保贷款指标（F_4）以及资金获取方便程度（F_5）和资金提供主体（F_6）两个定性指标，在这里我们需要分别对 2 个定性指标做虚拟变量处理。因变量则为入社前后的农民纯收入。

7.3.4.2　模型选择

根据变量特点，我们在模型中需要引进虚拟变量，模型如下：

$$Y = b + a_1F_1 + a_2F_2 + a_3F_3 + a_44 + a_5X_1 + a_6X_2 + a_7X_3 + a_8X_4$$
$$+ a_9B_2 + a_{10}B_3 + a_{11}B_4 + a_{12}B_5$$

其中，获取资金方便程度（F_5）的编码值及其虚拟变量赋值如表7-2所示。

表7-2　　　　　资金方便程度（F_5）的编码值及其虚拟变量赋值

获取资金方便程度（F_5）的编码值	获取资金方便程度（F_5）的虚拟变量赋值
获取资金方便程度 = 1（很方便）	$X_1 = 1$，其他 $X = 0$
获取资金方便程度 = 2（较方便）	$X_2 = 1$，其他 $X = 0$
获取资金方便程度 = 3（一般）	$X_3 = 1$，其他 $X = 0$
获取资金方便程度 = 4（不方便）	$X_4 = 1$，其他 $X = 0$
获取资金方便程度 = 5（很难）	所有 $X = 0$

资金提供主体（F_6）的编码值及其虚拟变量赋值如表7-3所示。

表7-3　　　资金提供主体（F_6）的编码值及其虚拟变量赋值

资金提供主体（F_6）的编码值	资金提供主体（F_6）的虚拟变量赋值
资金提供主体 = 1（亲戚）	所有 $B = 0$
资金提供主体 = 2（政府）	$B_2 = 1$，其他 $B = 0$
资金提供主体 = 3（信用社）	$B_3 = 1$，其他 $B = 0$
资金提供主体 = 4（商业银行）	$B_4 = 1$，其他 $B = 0$
资金提供主体 = 5（其他）	$B_5 = 1$，其他 $B = 0$

7.3.4.3　分析过程

运用 SPSS 17.0 软件进行计算，我们得到入社前后的资金获取情况对农民收入影响，具体结果如表7-4所示。

表 7 - 4   入社前后的资金获取情况对农民收入影响分析

变量	入社前对纯收入影响			入社后对纯收入影响		
	系数	T 值	P 值	系数	T 值	P 值
F_1	-0.036	-0.512	0.609	0.175	2.047	0.042
F_2	0.106	1.450	0.149	0.068	0.829	0.408
F_3	0.172	2.533	0.012	0.051	0.611	0.542
F_4	0.330	4.447	0.000	0.239	2.716	0.007
X_1	0.244	1.948	0.053	0.170	0.734	0.464
X_2	0.305	2.271	0.024	0.445	1.387	0.167
X_3	0.329	2.348	0.020	0.381	1.110	0.269
X_4	0.321	3.626	0.000	0.237	1.017	0.310
B_2	-0.022	-0.224	0.823	0.063	0.525	0.600
B_3	0.130	0.998	0.319	0.172	1.068	0.287
B_4	0.033	0.289	0.773	0.043	0.327	0.744
B_5	-0.049	-0.361	0.719	0.093	0.534	0.594
拟合度	0.589			0.532		

对表 7-4 进行分析，可知入社前农民获取的无息贷款并没有给农民带来收入的增加，而入社后随着农民获得无息贷款的增加，而能够促使其收入获得增长，即无息贷款增长 1 个单位，能使其收入增长 0.175 个单位。与之相应的是，入社后农民获取的低息贷款、抵押贷款和担保贷款也都能给农民的收入带来增长，但是其影响收入增长的效果并不显著，而且对农民收入增长的影响力也没有入社前的影响力大。

从表 7-4 的估计结果中，我们还可以得知，相较于资金的难以获取而言，入社后很方便获取资金的状况并不比入社前很方便获取资金的状况给农民带来的收入要多，而入社后较方便获取资金和一般方便获取资金的状况却比入社前较方便和一般方便获取资金的状况给农民带来的收入要多一些。对资金提供主体进行分析，可以得知相比于亲戚提供的资金，入社后农民从政府、信用社、商业银行和其他途径得到的资金都能对农民收入产生正向影响，而入社前农民从政府和其他途径得到的资金却对农民收入的增加产生了负向影响。总之从资金获取情况看，入社后的各种贷款都能给农民收入带来增长，但是其影响力并不见得比入社前要大，而入社后资金获取的方便程度相对而言要比入社前对农民收入的影响力要大一些，在入社后从各种资金提供主体获得的资金也都对农民收入增长带来正向影响。

7.3.5 技术服务获取情况对农民收入变化的影响分析

7.3.5.1 变量说明

入社前后的技术服务获取也能对农民收入增长产生不小的影响，本书选取了6个指标来说明农民入社前后的技术服务获取情况，并且作为自变量处理。这6个自变量分别是先进种植技术指标（G_1）、先进养殖技术指标（G_2）、经营管理技术指标（G_3）、专门劳务技术指标（G_4）以及农资供应方便程度（G_5）和技术提供主体（G_6）两个定性指标，在这里我们需要分别对两个定性指标做虚拟变量处理。因变量则为入社前后的农民纯收入。

7.3.5.2 模型选择

根据变量特点，我们在模型中需要引进虚拟变量，模型如下：

$$Y = b + a_1 G_1 + a_2 G_2 + a_3 G_3 + a_4 G_4 + a_5 X_1 + a_6 X_2 + a_7 X_3 + a_8 X_4$$
$$+ a_9 B_2 + a_{10} B_3 + a_{11} B_4 + a_{12} B_5 + a_{13} B_6$$

其中，获取技术方便程度的编码值及其虚拟变量赋值情况，如表7-5所示。技术提供主体（G_6）的编码值及其虚拟变量赋值情况，如表7-6所示。

表7-5　　　　　获取技术方便程度的编码值及其虚拟变量赋值

获取技术方便程度（G_5）的编码值	获取技术方便程度（G_5）的虚拟变量赋值
获取技术方便程度 =1（很方便）	$X_1 = 1$，其他 $X = 0$
获取技术方便程度 =2（较方便）	$X_2 = 1$，其他 $X = 0$
获取技术方便程度 =3（一般）	$X_3 = 1$，其他 $X = 0$
获取技术方便程度 =4（不方便）	$X_4 = 1$，其他 $X = 0$
获取技术方便程度 =5（很难）	所有 $X = 0$

表7-6　　　　　技术提供主体（G_6）的编码值及其虚拟变量赋值

技术提供主体（G_6）的编码值	技术提供主体（G_6）的虚拟变量赋值
技术提供主体 =1（其他农户）	所有 $B = 0$
技术提供主体 =2（村里技术人员）	$B_2 = 1$，其他 $B = 0$

技术提供主体（G_6）的编码值	技术提供主体（G_6）的虚拟变量赋值
技术提供主体 =3（乡镇农技站）	$B_3 = 1$，其他 $B = 0$
技术提供主体 =4（县区农技部门）	$B_4 = 1$，其他 $B = 0$
技术提供主体 =5（高校或是科研院所）	$B_5 = 1$，其他 $B = 0$
技术提供主体 =6（合作社）	$B_6 = 1$，其他 $B = 0$

7.3.5.3 分析过程

运用 SPSS 17.0 软件进行计算，我们得到入社前后的技术获取情况对农民收入影响，具体结果如表 7-7 所示。

表 7-7　　　　　　入社前后的技术获取情况对农民收入影响情况

变量	入社前对纯收入影响			入社后对纯收入影响		
	系数	T 值	P 值	系数	T 值	P 值
G_1	0.341	5.550	0.000	0.189	2.685	0.008
G_2	0.457	7.984	0.000	0.120	2.659	0.009
G_3	-0.022	-0.383	0.702	0.092	2.335	0.034
G_4	0.222	4.011	0.000	0.356	4.855	0.000
X_1	0.107	0.954	0.342	0.115	1.101	0.273
X_2	0.255	2.074	0.040	0.579	1.895	0.060
X_3	0.103	1.050	0.295	0.324	1.120	0.264
X_4	0.069	1.161	0.248	0.099	2.696	0.007
B_2	0.000	0.001	1.000	0.006	0.062	0.951
B_3	0.069	1.032	0.304	0.042	2.328	0.044
B_4	0.130	2.123	0.035	0.000	0.003	0.998
B_5	0.052	0.945	0.346	0.114	0.707	0.481
B_6	0.016	0.241	0.810	0.145	1.599	0.112
拟合度	0.770			0.618		

对表 7 - 7 进行分析，可知入社前经营管理技术指标并没有给农民带来收入的增加，而入社后随着农民经营管理技术水平的提高，而能够促使其收入获得增长，即经营管理技术水平增长 1 个单位，能使其收入增长 0.092 个单位。入社前后对比由于专门劳务技术水平提高，也促进农民收入的增长。与之相应的是，入社后农民获取的先进种植技术、先进养殖技术也都能给农民的收入带来增长，但是其影响收入增长的效果并不显著，而且对农民收入增长的影响力也没有入社前的影响力大。从表 7 - 7 的估计结果中，我们还可以得知，相较于技术的难以获取而言，入社后比很方便、较方便和一般方便获取技术的状况都比入社前获取技术的状况给农民带来的收入要多。对技术提供主体进行分析，可以得知相比于乡镇农技站、县区农技部门提供的技术，入社后农民从村里技术人员、高校或是科研院所、合作社得到的技术都使农民收入增加。总之，从技术获取情况看，入社后的各种技术都能给农民收入带来增长，但是其影响力并不见得比入社前要大，而入社后技术获取的方便程度相对而言要比入社前对农民收入的影响力要大一些，在入社后从各种技术提供主体获得的技术也都对农民收入增长带来正向影响。

7.3.6　农资供应情况对农民收入变化的影响分析

7.3.6.1　变量说明

农资供应服务也能对入社前后的农民收入增长产生一些影响，本书选取了 4 个指标来说明农民入社前后的农资供应情况，并且作为自变量处理。这 4 个自变量分别是农资年均花费指标（H_1）和农资供应方便程度（H_2）、农资获取方式（H_3）、农资提供主体（H_4）3 个定性指标，在这里我们需要分别对三个定性指标做虚拟变量处理。因变量则为入社前后的农民纯收入。

7.3.6.2　模型选择

根据变量特点，我们在模型中需要引进虚拟变量，模型如下：

$$Y = b + a_1 H_1 + a_2 X_1 + a_3 X_2 + a_4 X_3 + a_5 X_4 + a_6 A_2 + a_7 B_2 + a_8 B_3 + a_9 B_4$$

其中，农资供应方便程度（H_2）的编码值及其虚拟变量赋值如表 7 - 8 所示。农资获取方式（H_3）的编码值及其虚拟变量赋值情况，如表 7 - 9 所示。农资提供主体（H_4）的编码和其虚拟变量赋值情况，如表 7 - 10 所示。

表 7 - 8 农资供应方便程度（H₂）的编码值及其虚拟变量赋值

农资供应方便程度（H₂）的编码值	农资供应方便程度（H₂）的虚拟变量赋值
农资供应方便程度 =1（很方便）	$X_1 = 1$，其他 $X = 0$
农资供应方便程度 =2（较方便）	$X_2 = 1$，其他 $X = 0$
农资供应方便程度 =3（一般）	$X_3 = 1$，其他 $X = 0$
农资供应方便程度 =4（不方便）	$X_4 = 1$，其他 $X = 0$
农资供应方便程度 =5（很难）	所有 $X = 0$

表 7 - 9 农资获取方式（H₃）的编码值及其虚拟变量赋值

农资获取方式（H₃）的编码值	农资获取方式（H₃）的虚拟变量赋值
农资获取方式 =1（自己购买）	所有 $A = 0$
农资获取方式 =2（他人或合作社代购）	$A_2 = 1$，其他 $A = 0$

表 7 - 10 农资提供主体（H₄）的编码值和其虚拟变量赋值

农资提供主体（H₄）的编码值	农资提供主体（H₄）的虚拟变量赋值
农资提供主体 =1（其他农户）	所有 $B = 0$
农资提供主体 =2（合作社）	$B_2 = 1$，其他 $B = 0$
农资提供主体 =3（村或村民小组）	$B_3 = 1$，其他 $B = 0$
农资提供主体 =4（中间商）	$B_4 = 1$，其他 $B = 0$

7.3.6.3 分析过程

运用 SPSS 17.0 软件进行计算，我们得到入社前后的农资供应情况对农民收入影响，具体结果如表 7 - 11 所示。

表 7 - 11 入社前后的农资供应情况对农民收入影响

变量	入社前对纯收入影响			入社后对纯收入影响		
	系数	T 值	P 值	系数	T 值	P 值
H_1	0.242	3.235	0.001	0.222	3.050	0.003
X_1	- 0.055	- 0.448	0.655	0.062	0.819	0.414
X_2	- 0.092	- 0.631	0.529	0.353	1.614	0.108

变量	入社前对纯收入影响			入社后对纯收入影响		
	系数	T 值	P 值	系数	T 值	P 值
X_3	−0.097	−0.667	0.506	0.122	1.152	0.251
X_4	−0.151	−1.365	0.174	0.359	1.719	0.087
A_2	−0.021	−0.282	0.778	0.553	1.131	0.260
B_2	0.131	1.328	0.186	0.631	1.245	0.215
B_3	0.075	0.629	0.530	0.341	0.929	0.354
B_4	0.238	1.830	0.069	0.330	1.225	0.222
拟合度	0.438			0.516		

对表7-11进行分析，可知入社后农资年均花费给农民的收入带来增长，但是其影响收入增长的效果并不显著，而且对农民收入增长的影响力也没有入社前的影响力大。从表7-11的估计结果中，我们还可以得知，相较于农资供应以获取而言，入社后很方便、较方便和一般方便获取农资供应的状况都给农民收入带来正效应，而入社前给农民带来的收入是负的。从农资获取方式来看，由他人或合作社代购给农民收入带来正的影响，而入社前是负的。对农资提供主体进行分析，可以得知入社后农民从合作社、村或村民小组、中间商得到的农资都给农民收入带来增长。总之无论从农资获取、提供主体来看，入社后给农民收入都带来大幅度增长，且入社后农资获取的方便程度相对而言要比入社前对农民收入的影响力要大一些。

7.3.7　农产品营销服务情况对农民收入变化的影响分析

7.3.7.1　变量说明

农产品营销服务是影响入社前后农民收入增长的重要原因，本书选取了4个指标来说明农民入社前后的农产品营销服务情况，并且作为自变量处理。这4个自变量分别是农产品营销年均花费指标（I_1）和农资品营销方便程度（I_2）、农产品营销方式（I_3）、农产品营销提供主体（I_4）3个定性指标，在这里我们需要分别对3个定性指标做虚变量处理。因变量则为入社前后的农民纯收入。

7.3.7.2　模型选择

根据变量特点，我们在模型中需要引进虚拟变量，模型如下：

$$Y = b + a_1I_1 + a_2X_1 + a_3X_2 + a_4X_3 + a_5X_4 + a_6A_2 + a_7B_2 + a_8B_3 + a_9B_4$$

其中，农产品营销方便程度（I_2）的编码值和其虚拟变量赋值情况，如表 7-12 所示。农产品营销方式（I_3）的编码值及其虚拟变量赋值情况，如表 7-13 所示。

表 7-12 农产品营销方便程度（I_2）的编码值和其虚拟变量赋值

农产品营销方便程度（I_2）的编码值	农产品营销方便程度（I_2）的虚拟变量赋值
农产品营销方便程度 = 1（很方便）	$X_1 = 1$，其他 $X = 0$
农产品营销方便程度 = 2（较方便）	$X_2 = 1$，其他 $X = 0$
农产品营销方便程度 = 3（一般）	$X_3 = 1$，其他 $X = 0$
农产品营销方便程度 = 4（不方便）	$X_4 = 1$，其他 $X = 0$
农产品营销方便程度 = 5（很难）	所有 $X = 0$

表 7-13 农产品营销方式（I_3）的编码值及其虚拟变量赋值

农产品营销方式（I_3）的编码值	农产品营销方式（I_3）的虚拟变量赋值
农产品营销方式 = 1（自己销售）	所有 $A = 0$
农产品营销方式 = 2（他人或合作社代售）	$A_2 = 1$，其他 $A = 0$

表 7-14 农产品营销提供主体的编码值及其虚拟变量赋值

农产品营销主体（I_4）的编码值	农产品营销提供主体（I_4）的虚拟变量赋值
农产品营销主体 = 1（其他农户）	所有 $B = 0$
农产品营销提供主体 = 2（合作社）	$B_2 = 1$，其他 $B = 0$
农产品营销提供主体 = 3（村或村民小组）	$B_3 = 1$，其他 $B = 0$
农产品营销提供主体 = 4（中间商）	$B_4 = 1$，其他 $B = 0$

7.3.7.3 分析过程

运用 SPSS 17.0 软件进行计算，我们得到入社前后的农产品营销情况对农民收入影响，具体结果如表 7-15 所示。

表 7 - 15　　　　　　　　入社前后的农产品营销情况对农民收入影响

变量	入社前对纯收入影响			入社后对纯收入影响		
	系数	T 值	P 值	系数	T 值	P 值
I_1	0.083	1.216	0.225	-0.002	-0.022	0.983
X_1	0.441	3.040	0.003	0.341	2.078	0.039
X_2	0.107	0.659	0.511	0.082	0.433	0.666
X_3	-0.003	-0.022	0.983	0.081	0.470	0.639
X_4	-0.071	-0.532	0.595	-0.069	-0.475	0.635
A_2	-0.024	-0.361	0.718	0.015	0.211	0.833
B_2	0.190	1.711	0.089	0.003	0.025	0.980
B_3	0.074	0.752	0.453	0.023	0.203	0.839
B_4	0.027	0.252	0.801	0.060	0.511	0.610
拟合度	0.467			0.438		

　　对表 7 - 15 进行分析，可知入社后农产品营销年均花费给农民的收入带来负的增长，可见入社后由于营销的大力推广导致农民收入有所下降。从表 7 - 15 的估计结果中，我们还可以得知，相较于农产品营销方便程度而言，入社后一般方便获取农产品营销的状况给农民收入带来正效应，而入社前给农民收入带来的影响是负的。入社后营销很方便和较方便的状况并不比入社前很方便、较方便状况给农民带来的收入要多，尤其是入社后由于不方便农产品营销给农民收入带来的影响依然为负。从农产品营销方式来看，由他人或合作社代售给农民收入带来正的影响，而入社前是负的。对农产品营销提供主体进行分析，可以得知入社后来自合作社、村或村民小组、中间商的营销都能对农民收入产生正向影响，但相对于入社前来说只有从中间商营销得到增长以外，其余营销主体对农民收入增长的影响都出现一定程度的下降。总之入社后农产品营销年均花费给农民的收入带来负的增长，从营销方便程度看，入社后农产品营销的方便程度相对而言要比入社前对农民收入的影响力要大一些，且由他人或合作社代售给农民收入带来增长，但在入社后从各种营销提供主体来看，并未对农民收入增长带来显著影响。

7.3.8 信息服务服务情况对农民收入变化的影响分析

7.3.8.1 变量说明

信息服务对入社前后的农民收入增长也有着重要影响，本书选取了3个指标来说明农民入社前后的信息服务情况，并且作为自变量处理。这3个自变量分别是信息获取方便程度（J_1）、信息提供主体（J_2）和信息获取渠道（J_3）三个定性指标，在这里我们需要分别对三个定性指标做虚拟变量处理。因变量则为入社前后的农民纯收入。

7.3.8.2 模型选择

根据变量特点，我们在模型中需要引进虚拟变量，模型如下：

$$Y = b + a_1X_1 + a_2X_2 + a_3X_3 + a_4X_4 + a_5A_2 + a_6A_3 + a_7A_4 + a_8A_5$$
$$+ a_9B_2 + a_{10}B_3 + a_{11}B_4 + a_{12}B_5 + a_{13}B_6$$

其中，信息获取方便程度（J_1）的编码值及其虚拟变量赋值情况，如表7-16所示。信息提供主体的编码值（J_2）和其虚拟变量赋值，如表7-17所示。信息获取渠道的编码值（J_3）和其虚拟变量赋值，如表7-18所示。

表7-16　　　　信息获取方便程度（J_1）的编码值及其虚拟变量赋值

信息获取方便程度（J_1）的编码值	信息获取方便程度（J_1）的虚拟变量赋值
信息获取方便程度＝1（很方便）	$X_1 = 1$，其他 $X = 0$
信息获取方便程度＝2（较方便）	$X_2 = 1$，其他 $X = 0$
信息获取方便程度＝3（一般）	$X_3 = 1$，其他 $X = 0$
信息获取方便程度＝4（不方便）	$X_4 = 1$，其他 $X = 0$
信息获取方便程度＝5（很难）	所有 $X = 0$

表7-17　　　　信息提供主体的编码值（J_2）和其虚拟变量赋值

信息提供主体（J_2）的编码值	信息提供主体（J_2）的虚拟变量赋值
信息提供主体＝1（其他农户）	所有 $A = 0$
信息提供主体＝2（村委会）	$A_2 = 1$，其他 $A = 0$
信息提供主体＝3（乡镇政府）	$A_3 = 1$，其他 $A = 0$

续表

信息提供主体（J_2）的编码值	信息提供主体（J_2）的虚拟变量赋值
信息提供主体 = 4（县区政府）	$A_4 = 1$，其他 $A = 0$
信息提供主体 = 5（合作社）	$A_5 = 1$，其他 $A = 0$

表 7 – 18　　　　　信息获取渠道的编码值（J_3）和其虚拟变量赋值

信息获取渠道（J_3）的编码值	信息获取渠道（J_3）的虚拟变量赋值
信息获取渠道 = 1（书本）	所有 $B = 0$
信息获取渠道 = 2（电视）	$B_2 = 1$，其他 $B = 0$
信息获取渠道 = 3（报纸）	$B_3 = 1$，其他 $B = 0$
信息获取渠道 = 4（网络）	$B_4 = 1$，其他 $B = 0$
信息获取渠道 = 5（村委会公告栏）	$B_5 = 1$，其他 $B = 0$
信息获取渠道 = 6（广播）	$B_6 = 1$，其他 $B = 0$

7.3.8.3　分析过程

运用 SPSS 17.0 软件进行计算，我们得到入社前后的信息获取情况对农民收入影响，具体结果如表 7 – 19 所示。

表 7 – 19　　　　　　　入社前后的信息获取情况对农民收入影响

变量	入社前对纯收入影响			入社后对纯收入影响		
	系数	T 值	P 值	系数	T 值	P 值
X_1	0.314	2.920	0.004	0.096	0.338	0.736
X_2	0.500	2.554	0.012	0.141	0.384	0.701
X_3	0.470	2.698	0.008	0.039	0.133	0.895
X_4	0.238	1.331	0.185	− 0.039	− 0.198	0.843
A_2	− 0.091	− 0.732	0.465	0.118	0.956	0.340
A_3	− 0.049	− 0.421	0.674	0.138	1.170	0.244
A_4	− 0.060	− 0.495	0.621	0.145	1.488	0.138
A_5	− 0.050	− 0.505	0.615	0.123	0.948	0.344
B_2	− 0.053	− 0.427	0.670	0.059	0.451	0.653

续表

变量	入社前对纯收入影响			入社后对纯收入影响		
	系数	T 值	P 值	系数	T 值	P 值
B_3	0.079	0.722	0.471	0.015	0.114	0.909
B_4	−0.115	−1.135	0.258	0.072	0.677	0.499
B_5	−0.032	−0.248	0.804	0.137	0.723	0.471
B_6	−0.140	−1.486	0.139	0.044	0.240	0.810
拟合度	0.438			0.313		

从表 7 - 19 的估计结果中，我们还可以得知，相较于信息的难易获取而言，入社后很方便、较方便、一般、不方便获取信息的状况并不比入社前很方便、较方便、一般、不方便获取信息的状况给农民带来的收入要多，尤其是不方便获取信息的相比入社前呈现出负效应。对信息提供主体进行分析，可以得知入社后农民从村委会、乡镇政府、县区政府、合作社得到的信息都能对农民收入产生正向影响，而入社前农民从这些主体得到的信息却对农民收入的增加产生了负向影响。从信息获取渠道来看，入社后通过电视、报纸、网络、村委会公告栏等各种获取信息的途径都给农民收入带来增长，除通过报纸获取信息的途径与入社前相比对农民收入增长影响有所降低外，其余途径都对农产品收入增长影响非常大，由入社前的负效应转变为入社后的正效应。

本 章 小 结

通过实证分析表明，武陵山片区 61.5% 的农户认为有必要加入农合组织，从根本上保证了现有农合组织的稳定性及其健康持续发展。但是，实证分析结果也表明：农户的人均收入、社会身份、对合作组织的认知程度以及对合作组织的认知程度等因素，都不同程度影响农户的参合意愿。其中，农户人均年收入、农户的社会身份、对合作组织的认知程度等影响相对较大。实证分析表明：农户在生产经营中资金困难程度越大，越倾向于向农合组织寻求帮助；农户对现有合作组织提供的服务满意度越高，越乐于参与农合组织；农户认为农业合作组织带来收益的可能性越大，参与意愿越强烈。

本章从问卷设计及对问卷的处理分析出发，在对农民参与合作进行描述分析的基础上，通过使用 SPSS 17.0 软件对样本数据进行 Logistic 回归分析，比较了农民参与合作前后的效应。

第8章

武陵山片区农户合作实现
条件及路径选择

8.1 特色农业发展中农户合作的实现条件

8.1.1 农户合作需要一定的社会和市场环境

从广义的含义来看，"合作"的行为与人类社会的形成同样悠久，古代社会就存在大量的以互助为目的的各类民间组织。然而，作为一种特殊的制度安排，合作制的出现仅仅是在产业革命后，在资本主义市场自由竞争制度下，处在社会底层的广大经济弱者，为了维护自身利益，减少中间商人的盘剥，按照自愿平等的原则联合起来，形成组织，通过团队的力量进行自我服务，减低交易费用，实现规模经济，减少市场风险和不确定性，最终提高自身在社会中的竞争地位。正如法国学者季特所以，"合作制并非来自自学者或改革者的脑海，而是来自平民的肺腑。"[①] 也就是说，合作制度是在特定的社会和经济环境下产生的，不是先有了理论或思想，才有实践。

20世纪初我国从国外引进合作制度，当时合作制度是作为经济弱势群体抵抗少数经济强者剥削、实现自救的一种手段而存在的。20世纪50年代后期开始的人民公社运动，过多地注入了政府的意愿，使合作社成为政府推行其社会经济政策的工具，失去了合作社的本来价值。20世纪80年代以来，随着家庭联产承包责任制的推行和社会主义市场经济体制的逐步确立和完善，合作制在我国广大农村逐渐再次兴起，20世纪在90年代后期开始逐步向农村各地扩散，而这个时

---

① 伊树生. 各国合作制度 [M]. 台湾：正中书局，1973.

期恰恰是我国计划经济体制向社会主义市场经济体制转轨的关键时期，农村品市场出现结构剩余，农户经济由农业兼业生产向农业专业化转变。农民从集体经济的一分子实际变成了孤立无援的小生产者，市场经济的微小的冲击，就可能使他们破产。为求得生存与发展，维持现有的经济状况，农户迫切需要依托一个组织，通过合作，依靠集体力量去面对残酷的市场，合作行为的产生也就自然而然了。这一时期的农民合作的一个显著特征是，农户在加入合作社后，仍保留自身独立的家庭承包经营者身份，只是通过松散合作或纵向一体化的方式向农业生产的产前、产后领域拓展，或者在某些环节上联合行动，以增加农户家庭经营收益。这意味着作为市场经济的产物，合作制是一种新型的所有制关系。

8.1.2　农户合作化水平取决于农产品市场化程度

农产品市场的参与者是大量生产完全相同产品的农民。在这样近乎完全竞争的市场条件下，大批农产品生产者只能是市场价格的接受者，不可能对农产品价格产生任何影响。相反，他们在很多情况下所面临对的是买方的寡头垄断。因为，为规避风险、减少生产经营的不确定性，他们比以往任何时候都更渴望加入到某个组织中去。合作是他们最好的选择，通过合作实现"合法垄断"、保全自己。特别是哪些生产保鲜期短、不易运输、附加值高、需求弹性相对较大的农产品农户对于合作的需求更为强烈。所以，现实中，奶制品、花卉、蔬菜水果等农产品合作销售的较为普遍。以奶制品为例，20 世纪 90 年代中期的统计数据显示，在绝大多数的欧盟国家中，合作社奶制品的国内市场份额达到了 80% 甚至 90% 以上，其中爱尔兰达到了 100%。①

我国农村合作制度发现的实践也证明，合作社发展较快的地区往往是农民出现产品卖难问题突出、传统的"田间地头"交易不发达、缺乏产地集市贸易市场的地方。广大小规模农户对陌生的市场一筹莫展，由于经营分散、供应量有限、距离终端用户市场远，导致信息闭塞，产品难以实现向商品的"惊险一跳"。因此，我国农民合作化往往在那些市场化程度高、竞争激烈、产地远离销售地的地方率先发展起来，而一些市场信息闭塞、交通条件不便，交易成本高的山区，农民合作则发展相对较慢，但随着我国农产品市场化程度的提高，自然和市场条件的改善，山地农业发展中农民合作化程度必将越来越高。

---

① 杜吟棠. 合作社：农业中的现代企业制度 [M]. 南昌：江西人民出版社，2003.

8.1.3　农户合作离不开农业产业化经营

作为原料提供者的小农户，他们是以分散的、一家一户的小规模经营方式出现的，加工商、分销商则是以面向国内、国际两个市场的现代工商企业为代表。当两者相遇时，除了双方谈判地位的悬殊差别、信息不对称、小农处于极其不利的境遇以外，企业对农产品生产的质量、数量规模等的要求也使得小农户从产生的技术层面上无法实现与产业化大生产对接。因此，必须通过组织创新，通过联合，实行产业化经营，成立农民合作经济组织，推进农产品市场的专业化、规模化、标准化，从而推进农业产业化经营水平的提高，提高农户谈判地位，使农户得以直接参与农产品加工、流通领域、以增加利润的获取空间。

8.1.4　农户合作依托一定规模经营组织

在发展市场经济中，自给自足的兼业小农随着资本积累的不断扩大，在提高生产率追逐利润的驱使下，势必逐步走向以市场交易为主的专业农户。在江、浙山东等地专业农户已开始取代兼业户成为农业生产经营的基本主体。

我国农民合作发展的轨迹表明，农户只有摆脱了自给自足的生产方式，达到一定的规模经营，且进行了相对较大的专用性资产投资时，农户才会有强烈的、联合起来的意愿，也才能对合作产生强烈的依赖性。正因为如此，我国合作经济发展较快的地区，例如，浙江、山东、江苏等地，合作社社员正由专业农户取代普通的兼业农户而成为主体。农民合作社日益以农户的专业化生产为基础，发展起来的农户合作社又进一步促进了专业农户规模的扩张。这一现实所暗示的政策意义是，山地农业发展中农民合作经济的发展，关键在于培育农业产业生产主体，而农业生产产业主体培育的对象主要是专业农户，以专业农户带动其他农户的联合，以实现农业生产经营的规模化、专业化和市场化。

8.1.5　农户合作不可或缺政府立法和政策扶持

合作经济组织的发展需要政府的立法和政策的支持及保护。国家作为"第一推动力"是不可或缺的，包括合作社立法、合作社社员教育、提供各种优惠服务及财政援助、传播技术和管理知识等。[①]

---

① 苑鹏. 中国市场化进程中农民合作组织研究 [J]. 中国社会科学, 2001 (6).

我国合作经济组织的发展也证明，没有政府的认可，尽管农民对于资金互助有着强烈的需求，但是农民合作金融组织始终无法发展起来。近些年发展起来的各类农民合作经济组织，离不开各级政府为其营造良好的政策环境。我国农民合作经济组织今天整体水平已经远远落后于农村经济发展、农业产业化的需要，形成这种局面的原因，除了与缺少制度基础和文化遗产有关外，不可忽视的重要一点是，政府在一个较长的时期对合作社事业单位的发展没有能够提供有效、宽松的法律政策环境。我国新型农民专业合作社的制度创新再次表明，合作社并非来自合作思想家和或政府的设计，而是来自农民的需求和渴望。它是以自愿联合起来的合作服务组织，是用户所有、用户控制、用户受益的经济组织，政府法律政策环境的营造是农户合作经济组织发展不可或缺。

8.2 特色农业发展中农户合作的路径选择

8.2.1 农户合作路径选择的思路和原则

特色农业发展中，农户合作采取什么样的合作路径，是一个极其复杂的问题，因为各地自然禀赋不同，民族文化习惯不同，政府支持的力度不同等，因为，合作的路径差异性也有所不同。国内学者就农户合作路径或模式问题进行了卓有成效的研究。应若平（2007）按照农村内生力量和政府外生力量之间的强弱对比关系，农民合作的可能路径可分为四类：自发式、强制式、抑制式和互动式。李佳（2012）在其《农民经济合作的行为逻辑与动力机制》一书中对农民这四种合作模式进行了阐述：自发模式是农民自发合作的模式，是一种自发构建的有效模式，但一旦农民所依存的环境发生改变的时候，这种模式的效能也就随之变化；强制模式是指政府依靠合法性权威和对经济活动的控制而强行推进的合作模式，合作化运动最为典型，市场经济条件下这种模式的存在基础不复存在；抑制模式是指政府外生力量与农民内生力量相互冲突，导致农民合作受到抑制的模式，在这种模式下，政府推动合作的意愿与农民合作的需求不匹配，合作始终处于一种潜在状态，难以成为有效的字眼配置方式；互动模式是指农民内生力量与政府外生力量相互结合，促成农民合作的模式，这种模式是理想的合作模式。

吴光芸、李建华（2007）在《培育乡村社会资本、促进农民合作》一书中指出，乡村社会资本即农民长期相互交往形成的关系网络、组织以及体现于其中的信任、互惠、网络、宽容、同情、团结，它们能够促进农民合作。张鸣

（2004），吴光芸、李建华（2007），孙亚范（2003）也强调社会资本、文化的作用。认为农民合作条件的重要组成部分是文化体系，信任对农民合作十分重要；因而重建乡村的信任机制、培育乡村社会资本是促进农民合作以的关键因素。

曹锦清（2000）建议开展一场新合作运动，对小农的生存方式、思想观念、组织制度进行一场革命。这需要知识分子和政府共同努力，创办合作学校和合作刊物，在农村进行合作试点，用典型来教育农民。① 贺雪峰（2004）则认为当农民"不善合"而又需要有合作时，外生型的合作组织并非不能选择。一方面，针对当前地方行政谋取私利致使村庄公共物品供应不足的状况，可以通过县乡村体制改革（"强县、弱乡、实村"）来提高农民合作能力，提供公共物品，实现村庄秩序；另一方面，培育农民合作能力不仅仅是一个制度问题，而且涉及诸多甚为根本的方面，可以通过村庄建设，利用外部资源培育农村的自组织力量，促成农民合作。② 应若平（2007），申端锋（2007），贺雪峰（2004）也强调政府的作用，认为农民合作能力建设的关键是建立村庄内生力量和国家外生力量相互促进的互动关系，国家权力并不必然在农民合作问题上是负面力量，当农民"不善合"而又需要有合作时，外生型的合作组织也就并非不能选择。

综上所述，针对当前农民合作难的困境，各位学者纷纷提出了不同的农民合作的可能路径与方式。对农民合作的研究不仅可以分成"对传统农村社会中农民合作的研究"和"对当代农村社会中农民合作的研究"两个部分，更应当结合不同区域的经济社会、文化、风俗习惯、地理环境等因素展开研究。一般而言农民合作的路径具有多样性。实践证明，在农村合作经济组织的成立过程中，如果没有外部力量（农业服务部门、企业等）的支持，尤其是来自政府的引导和扶持，农民参与的积极性和对组织的信任程度就可能降低。单靠农民内部的自发力量来推动农民合作经济组织的发展，既是非常困难的，也是十分缓慢的。因而，依据武陵山片区特色农业发展的特点，应在借鉴其他地区农民合作经验的基础上，重点围绕培育合作的产业载体、农业企业或生产大户组织带动、乡村"能人"牵头带动、基础组织（村委会等）发动、财政支持诱导等等方面去探索。

8.2.1.1　农民合作路径选择的总体思路

按照统筹城乡发展的要求，根据武陵山片区特色农业发展的特征，把农民自愿、农民受益作为促进农民合作组织的出发点；加强分类指导，引导、鼓励和支持农民在家庭承包经营的基础上，寻找适宜的经济合作模式；坚持市场运作与政

---

① 曹锦清．黄河边的中国——一个学者对乡村社会的观察与思考［M］．上海文艺出版社，2000．
② 贺雪峰．关于农民合作能力的几个问题——兼答蒋国河先生［EB/OL］．三农中国网．

府引导扶持相结合，因地制宜发展农民合作经济组织；坚持在市场化条件下特色农业的发展与市场经济的对接，坚持合作经济组织的基本精神、创新合作经济组织的形式，提高农民合作经济组织的自我发展能力，增强农民合作经济组织适应市场竞争的能力；对合作路径的选择，既要体现传统农村社会资源的渊源关系，又有体现政府强制性制度变迁的路径依赖；切实维护农民权益，推动农业产业化进程，实现农业生产的规模和经营的积极性；农民合作应有利于增加农民收入，稳定农村社会发展，有效解决武陵山片区农村的贫困问题，促进社会和谐发展；提高农民民主管理意识和互助精神。

8.2.1.2　农民合作路径选择的基本原则

农民合作路径的选择应在尊重地方特色的前提下，建立符合本土化的合作组织模式，这样的合作组织才能够适应地方特色，才能顺利的发展壮大。具体到武陵山片区特色农业发展中农民的合作，归纳起来，应坚持基本原则主要有以下五个：

一是坚持自愿原则。农民的合作是建立在自愿的基础之上的，农民自愿是农村合作经济组织发展的生命力所在。要坚持以农民为主体，由农民自愿自主地参加劳动、技术、营销和资本等方面的联合。农民的自愿包括加入的志愿、不加入的自愿和退出的自愿，任何部门和他人都没权干涉的强迫。

二是坚持多样性原则。在发展合作组织模式方面，在坚持"民办"的基础上，应以当地实际情况出发，从山地农民的需要出发，尊重山地农民的创造，鼓励发展多种形式的联合，不搞统一模式，也不局限于某种模式，不能将别的地区的成熟模式生搬硬套，采用比较灵活多样的形式，既可以在本地、本行业范围内开展合作与联合，也可以跨地域、跨所有制开展合作与联合，寻找到最适合本地发展的模式。

三是坚持示范引导的原则。政府部门应通过典型示范和宣传引导，在引导农民合作问题上，要引导而不强迫，支持而不干预，参与而不包办。要充分尊重农民意愿，不能靠行政手段，让农民自觉自愿接受而不是靠政府的强制命令。通过示范引导，不断增强农民合作经济组织对农民的凝聚力和吸引力，正确引导和促进农民合作向纵深发展。

四是坚持互利性的原则。农民合作的意义在于通过整合既有资源，实现合作双方的利益帕累托改进。由于合作能产生潜在的获利机会，虽然农民对合作的认知度不一，但无论是理论研究还是实证研究，均显示了农民对合作有较强的需求。博弈论也证明在不合作的情况下，个人效用最大化行动可能对个人和可能的合作者都是最糟糕的结果，"囚徒困境"就是一个最经典的例子，竞争实际上不可能在一种完全理想的状态下进行，共同行动中每个人的理性选择必须考虑其他人的选择，"合作"也就成为竞争条件下理性选择的必然结果。只有农民意识到通过合作能够获得比不合作带来更多的利润，农民参与合作也就是自然的了。

五是坚持相宜性的原则。农民合作的类型多种多样，合作的程度也有松散紧密不同，判断一种合作形式的优劣应从合作组织成长的环境出发，没有一种放之四海而皆准的合作模式。山地的特点、山区的环境、农民的风俗文化等，可能会使合作组织变得松散、合作规模不能太大等等，因此，山地农业发展中，农民的合作方式应因地适宜，坚持和山地相适宜性原则。

8.2.2　提供合作的产业载体

根据武陵山片区山地的特征，大力推进农业产业结构调整，选好优势产品，加强主导产业的培育。主导产业和由其开发形成的优势产品，是推进农户合作的前提。在山区土地、资金等资源要素相对有限的情况下，要有针对性地把资源要素相对集中地投向能够产生较大关联效应且规模较大的产业，以此带动山区经济的全面发展。根据各地的自然资源、气候条件，研究国内市场，立足本地优势，准确把握市场信息，发展具有本地特色和竞争力的优势产品，并以此形成区域性主导产业。宜林地区多搞开发性经营，对山林投资，封山育林；对丘陵、山地等宜果、宜菜、宜茶、宜药地区，应大力发展瓜果蔬菜草药材及茶叶的生产，集约经营中小型家庭果园、菜园、药材园和茶园；宜牧宜殖地区大力发展畜牧业、养殖业。

发展高效特色农业，进行产业化经营，培养农民合作的产业载体。围绕竹木、草食牲畜、中药材、茶叶、烟草、特色水果等产业及其运输、销售、服务等环节，充分发挥其对农民生产、经营的带动和引导作用。在椪柑、草食牲畜、竹木等特色农产品主产区，建立一批专业批发市场，促进农产品流通。

专栏 8-1

中国特产之乡

武陵山片区 71 个县（市、区）中，有 28 个县（自治县、县级市）被命名为中国特产之乡，分别是：（1）中国名茶之乡——贵州省的凤冈县、湄潭县、印江自治县，湖北省的五峰自治县，湖南省的石门县；（2）中国茶叶之乡——湖北省的鹤峰县、五峰自治县；（3）中国富锌富硒有机茶之乡——贵州省的凤冈县；（4）中国小叶苦丁茶之乡——贵州省的余庆县；（5）中国油茶之乡——贵州省的玉屏自治县；（6）中国茶油之都——湖南省的邵阳县；
（7）中国野木瓜之乡——贵州省正安县；（8）中国白柚之乡——湖北省宜恩
县；（9）中国脐橙之乡——湖北省秭归县；（10）中国雪峰蜜橘之乡——湖
南省洞口县；（11）中国甜橙之乡——湖南省洪江市；（12）中国杨梅之
乡——湖南省靖州自治县；（13）中国椪柑之乡——湖南省泸溪县；（14）中
国柑橘之乡——湖南省石门县；（15）中国莼菜之乡——湖北省利川市；
（16）中国铜鹅之乡——湖南省武冈市；（17）中国卤菜之都——湖南省武冈
市；（18）中国辣椒之乡——重庆市石柱自治县；（19）中国生态黄连之
乡——湖北省利川市；（20）中国黄连之乡——重庆市石柱自治县；（21）中
国厚朴之乡——湖南省安化县；（22）中国杜仲之乡——湖南省慈利县；
（23）中国茯苓之乡——湖南省靖州自治县；（24）中国金银花之乡——湖南
省隆回县；（25）中国山银花药材产业之乡——重庆市秀山自治县；（26）中
国青蒿药材产业之乡——重庆市酉阳自治县；（27）中国竹子之乡——湖南省
的安化县、绥宁县；（28）中国黄柏之乡——湖南省桑植县；（29）中国观赏
石之乡——湖北省长阳自治县；（30）中国箫笛之乡——贵州省玉屏自治县；
（31）中国土家织锦之乡——湖南省龙山县。

资料来源：孙志国等. 武陵山片区农业资源优势及区域产业化发展对策［J］. 湖南农业科学·下
半月推广刊：37－39.

8.2.3 培育乡村社会资本

乡村社会资本是农民在长期相互交往过程中逐渐形成的关系网络、组织，乡
村资本具体体现为信任、互惠、网络、宽容、同情、团结等。已有的理论研究和
实践证明，这些乡村资本能够促进农民合作。乡村资本是无形的，但是有许多载
体，如家庭、关系网络、社会信仰、信任和互惠的方式、惯例等。

信任、亲情、信仰、参与、规则、互惠等乡村社会网络所凝聚的社会资本，
相互交叉、相互依赖、相互影响，构成了农民合作的基础。在乡村社会网络中，
通过农民之间的横向交流，以达到跨组织、跨地域、跨领域的合作。建立在某种
共同情感、道德、信仰或价值观念基础上的个体与个体、个体与群体、群体与群
体之间的联系状态，能够产生出一种亲密的社会关系，这些特征就是费孝通所谈
到的中国传统农村中的"熟人社会"与"归属感"等特征。一次成功的合作就
会建立起联系和信任，有利于未来在完成其他不相关的任务时的合作。

因此，乡村社会资本的培育，首先，要激发和培育农民的公共精神。公共精神是指在由公民组成的共同体中，公民对共同体公共事务的积极参与，对共同体价值的认同和对公共规范、公共原则的维护。公共精神不是一朝一夕就可以养成的，它必须在农民的日常生活中各个方面加以贯彻，逐渐获得训练，公共精神就成了自然而然的思维、态度和行为方式。其次，要强化农民的共同体意识。这种共同体意识将农民凝聚在一起，为农村公共服务以及乡村治理提供了良好的条件。最后，培育乡村民间组织。大力提倡横向联合，引导或鼓励农民自发成立一些民间组织等。

8.2.4　创新农业合作组织，搭建农户合作平台

8.2.4.1　发展农业企业

农业企业是指使用一定劳动资料，以现代化企业的生产经营方式为主，进行专业分工协作，独立经营、自负盈亏，从事商品性农业生产以及与农产品直接相关的经济组织，它包括种植、养殖、加工、流通、间接与农业相关的企业（如农资）、农业中介、农业信息和农业科技等企业。由此可见，农业企业是一个社会生产的基本单位，可以是一个家庭，几个家庭的联合或公司等，可以是法人企业（公司），也可以是非法人企业（业主制和合伙制企业），是一个独立核算，自负盈亏的经济实体。农业企业利用自身的技术优势和先进设备，对农副产品进行深度加工、系列开发、多次转化实现增值。农业生产的产前、产中、产后的各个环节均可通过企业的形式进行产业化经营。在联合国粮农组织的研究报告中，农业企业被认为是农产粮食价值链的非农联系环节。农业企业与农业发展绩效之间存在着很强的协同增效作用。农业企业与中小农户的强力联结可以增加农民的经济收入。

在我国，在分散经营的条件下，兼业农户的比例较高。农业企业可以把一家一户的经营联合起来，在规模经营的基础上进行专业化、商品化生产。我国沿海发达地区的研究表明，专业化和商品化农户的发展对农业的发展起着有力的推动作用。农业企业作为产业化经营的龙头和载体，一头联结市场，一头联结过度分散的农户，既提高了农民和农业的组织化程度，又降低了农产品的市场交易成本。山地农业发展中促进农民合作要大力培养农业企业组织，优先发展农业企业。

8.2.4.2　发展股份合作制、社区合作和专业合作社三种组织形态

农民是"理性的经济人"，如果直接的市场交易所带来的净收益大于通过合作社交易的净收益，农民是不会选择合作社的交易形式的。因此我们发展合作经

济组织的关键是在保证合作社组织始终是农民自己的组织的前提下，发明一种旨在降低合作社交易费用的制度，形成有效的激励和约束机制，以便克服外部性现象和"搭便车"现象。根据改革开放以来我国合作经济组织的发展状况，我们认为股份合作制、社区合作和专业合作社三种组织是具有资源优势和适应性的。

（1）股份合作。改革开放以来，富有创造精神的中国农民对股份制的改造，对合作社的发展，创造出在合作制中引入股份制，把股份制引入合作社的股份合作制。这种经济形式把共同占有和个人占有结合起来，把资本所有权和生产资料的实际形态的占有分离开来，是社会主义公有制的一种实现形式。实现了劳动要素和资本要素的最佳配置，使劳动与资本等要素都能以最有效的方式进行生产，既有利于摆脱"合作社陷阱"，又能做到公平与效率的统一，将是一种具有广泛适应能力的经济组织形式。

（2）社区合作。日本经济学家石川滋在《发展经济学基本问题》一书中指出，能否妥善利用村落共同体是亚洲包括中国能否实现结构转换的关键。合作社的成功得益于在合作社范围内成员相互间的了解与信任。[①] 中国农村是一个典型的静态社会，不可移动的土地及其他不可分的资源，必然会使社区成员产生休戚相关的利益共识，农民之间不仅相互了解，而且存在着相互间的监督和信任。道德约束具有极强的约束力。所以，在我国社区是现代化建设无可回避的历史遗产。20世纪50年代初没有取消退出权的合作社的成功，改革开放坚持社区合作部分村（如华西村、南街村等）走向富裕，已经证明了社区合作是农户基于历史传统和现有的制度资源和约束条件在经济利益和政治风险及其相关交易费用之间的边际分析所做的理性选择。这种经济形态在我国一定时期内有很大的发展空间和很好的发展前景。

（3）专业合作。围绕某一产品形成的专业合作组织由于实现了某种形式的一体化，避免了对生产效率的损害，而成为世界各国最成功、最现代、最普遍、争议最少的合作组织，也必将成为我国最重要的合作形态。因为，这样的合作组织是建立在农民自愿的基础上，真正符合社员所有，社员自治、社员自享的基本原则。

8.2.5 发挥"能人"牵头带动效应

所谓乡村"能人"，是指具有政治领导、经济头脑、专业技术或社会协调才能并在村民中有一定影响力的人，如乡村干部、专业大户、营销能手、技术骨干

---

① 周立群，曹利群. 农村经济组织形态的演变与创新——山东省莱阳市农产业化调查报告 [J]. 经济研究，2001（1）：219.

等。乡村能人主要来自：第一，担任过乡村干部，长期在乡村拥有传统权威或组织资源的；第二，长期从事涉农服务，拥有农业技术特长的；第三，长期从事农业生产经营，已达到一定规模的；第四，长期从事农副产品加工或营销，在市场信息及销售渠道获取上具有优势的。

一是村主任或支书牵头成立建立。在尊重农民个人意愿的基础上，结合当地实际情况，由村主任或支书牵头成立建立符合本村特色产业的农村合作经济组织。通过讲座、培训和现场指导等方式为会员提供市场渠道信息、引进新品种、种养殖技术、病虫害防治等服务。这类合作经济组织能够实现农村基层组织建设与经济建设的有效结合，最能体现合作经济组织"自愿、公平、民主、互利"的基本原则，容易得到村民的响应和政府的支持。

二是种养大户牵头成立。种养大户依托自身的技术、设施和管理经验，组织同类农产品生产的分散农户组建合作经济组织，带动农户进入市场。一方面，种养大户牵头成立合作经济组织能扩大经营规模，提高与销售商的谈判筹码，增强其竞争实力，有利于实现产业化生产从而降低成本；另一方面，分散的农户加入合作组织能吸收专业大户的生产经验和先进技术，消除与大户之间的竞争、弱化市场风险。一般来说，这种组织是由散户先发出合作信号，大户往往通过收取会费、年费等方式获取组织最初的运营资金，而有一定经济头脑和经济基础的农户又可能通过股份的方式参与到组织的管理和利润分配之中。

三是农产品经济人牵头成立。农产品经纪人是指在农产品经济活动中，以收取佣金为目的，为促成他人农产品交易而从事居间，行纪或者代理等经纪业务的自然人、法人，即为农副产品的交易双方"穿针引线"、靠"牵线搭桥"撮合交易成交，并以此获取佣金的自然人、法人。由于农产品经纪人市场信息灵通、产品销售经验丰富，但因受到土地、政策等限制，个人无法形成大规模生产，通过引导农民建立合作社，以利益为纽带，把农民的劳动与技术、资金，以及产购销各环节有机联结在一起，使生产成为有计划的订单生产，形成专业生产和产业化经营，进而提高农民进入市场的组织化程度，节约市场交易费用。

四是农技人牵头成立。农村技术人员利用自身农业种养技术，发起成立农民合作社，把农民组织起来，解决农民农业生产或养殖的技术问题，提高农民收入。

专栏 8 - 2

周某做了 20 多年基层农技员，其所在县作为全国有名的水稻种植大县，常年种植水稻面积 220 余万亩。水稻生产在实现了机耕、机整、机防、机械收割，水稻栽插却一直以"面朝黄土背朝天"的人工栽插为主。近几年，大量青壮年外出务工，农村劳力急剧减少，插秧成了该县水稻种植的难题。曾多次推广机插秧技术，但效果不佳。周某觉得仅靠现行政府农技推广服务体系难以解决这两个问题。他决定建立农技合作社，用合作互助组织形式来解决农技服务难题。2011 年，他发起成立了三丰农机合作社和金涛水稻种植合作社。三丰农机合作社由拥有农机的农户组成，农户带机入社，合作社统一协调组织这些机械去服务那些没有农机的农户，服务能力和效率大大提高。金涛水稻种植合作社则主要解决农民分散育秧不利机插的难题。合作社 8 个股东投资 300 万元建造"育秧工厂"，在大型温室里实现标准化育秧，育出的秧苗长度密度进行统一标准，凡是订购秧苗的，统一由合作社负责进行机插。合作社每亩田向农民收取 210～230 元。专业育秧和栽插，省时省力，农户一亩地成本节约 40 多元；机插每亩可多插 6000 株，可增收 50 千克稻谷，两个一加每亩地农民可以增收 200 元左右。

资料来源：周甲禄，黄艳. 成立农技合作社 机插秧成了香饽饽［N］. 粮油市场报，2012 - 05 - 17（A01）.

8.2.6 发动基层组织

村党支部、村委会设置在最基层，最了解农民生产生活的需求，是带来农民走合作化道路基础组织者和发动者。贵州山地农业发展中农民的合作还处于初级阶段，组织规模小而零散，农民专业合作组织数量不足，且整体经济实力不强，基础组织对农民专业合作发展拥有绝对主动作用。

村党支部是党在农村的最基层的组织，是本村各种组织和各项工作的领导核心，是团结带领广大党员和群众建设新农村的战斗堡垒。村党支部应把党组织的政治优势和合作社的规范机制有机地结合起来，带领农民群众调整农村产业结构，牵头或协助农民依法成立合作社的设立人，把农民组织起来，加快山地农业发展力度，增加村民经济收入。

村民委员会是村民自我管理、自我教育、自我服务的基层群众性自治组织，负有支持和组织村民依法发展各种形式的合作经济和其他经济，承担本村生产的服务和协调工作，促进农村生产发展的重要职责。村委会应深入实际调查摸底，依据本村基本自然条件和群众经济基础状况，制定出本村经济发展规划和发展思路，特别在"一村一品"建设中，村委会应发动农民或协助农民成立合作社，培育扶持生产影响大、带动能力强的农民专业合作社的发展。同时，村委会也要成为组织购销、代销业务和牵线搭桥的组织。村委会要鼓励和支持经济技术专业部门包括农民专业技术协会，到山区农村开展技术承包、技术咨询服务，推广适用的农业科学技术。

专栏8－3

湖北来凤县构建服务平台，促进农民合作

　　地处武陵山区腹地的湖北来凤县是一个以土家族为主的多民族聚居县，由于历史和地理环境的影响经济社会发展一直较为落后，属国家级贫困县。同时，该县有着丰富的农业和文化资源，金丝桐油、生姜、藤茶、大头菜、松花皮蛋、摆手舞、二棒鼓、西兰卡等在省内外均有一定的知名度。

　　为了更好促进该县的专业合作社发展，该县构建了三个层面发展服务平台：一是构建县级各部门联动平台。2009年起，成立了来凤县农民专业合作社协调领导小组，由分管副县长担任组长，成员由财政、农村信用联社、地税、农业、国土、畜牧、工商部门组成，主要协调创新服务举措，在开辟"绿色通道"、降低准入门槛、简化办理程序、税收优惠、金融信贷支持、规费减免等方面统筹协调；二是构建乡镇农经部门与合作社定期会晤的服务平台。2008年，该县发布《中共来凤县委、来凤县人民政府关于支持和促进农民专业合作社发展的实施意见》，明确规定各乡镇必须搭建农民合作社定期会晤的服务平台，每年至少会晤两次，具体服务内容是听取、收集各合作社在发展中遇到的各方面问题，并及时总结上报，协调处理；三是构建各相关技术部门与专业合作社农户的结对指导平台。2010年，该县出台了《关于县直单位与农民专业合作组织开展结对帮扶的通知》，明确了有关县直单位在专业合作社发展过程中应履行的义务，安排24个部门与县内72个合作社实行结对帮扶。

　　在上述措施的影响刺激下，该县农民专业合作社规模不断扩大，表现在以下三个方面：一是数量不断增加。2003年，该县仅有凤头生姜产销专业合作社1家，成员也仅有数百人。至2009年8月仅有45家，成员0.62万人。到2011年12月，已发展专业合作社135家，成员2.113万人。近三年的年均新增户数比率均在50%以上；二是合作社涉及产业不断拓宽。截至2011年12月，不仅蔬菜、林果、茶油、茶叶、水产、生猪、家禽等农村传统产业均有合作社，农技服务、花卉、杨梅、蜜蜂、生物科技、红薯加工、金银花种植

等一大批技术含量较高的新兴产业也发展出了合作社 26 家；三是带动能力不断增强。据该县农经局提供的资料，至 2011 年 6 月，合作社 110 家，成员 1.813 万人，带动 4.329 万人，占全县农业人口的 20.6%。一些典型合作社，带动能力很强，如该县三胡乡杨梅专业合作社，覆盖全乡 8 个行政村，种植杨梅 16107 亩，已发展社员 3234 人，带动 6524 人从事相关产业。该县三丰薯业专业合作社，现有社员 945 人，带动 8000 人进行种植、加工。

资料来源：莫代山.武陵山区农民专业合作社发展的绩效与对策研究——以来凤县为例 [C].武陵山片区协同创新发展学术研讨会（论文集），2010（8）：292－295.

来凤县农村经济管理局，来凤县 2011 年 6 月农民专业合作社基本情况统计 [Z].

本 章 小 结

武陵山片区特色农业发展中农民不仅应具有合作的意愿及实际绩效，更要有合作的外部环境，即合作条件。农户实现合作需具备一定的制度环境、市场条件、产业基础、组织基础、法律政府环境等。特色农业发展中，农户合作采取什么样的合作路径，更是一个极其复杂的问题。因为各地自然禀赋不同，文化习惯不同，政府支持的力度不同等，因而合作的路径也应有所不同。国内学者就农户合作路径或模式问题进行了卓有成效的研究。农民应在坚持自愿、示范引导、互利性、相宜性原则下，按照统筹城乡发展的要求，依据武陵山片区特色农业发展的特征，尊重农民的意愿，坚持市场运作与政府引导扶持相结合的总体思路，寻找农民合作的路径，其路径可归纳为：提供合作的产业载体、培养乡村社会资本、培育农业企业组织、乡村"能人"牵头带动、基层组织发动、财政政策诱导。

本章从分析武陵山片区特色农业发展中农户合作的实现条件出发，综述了国内学者对农户合作路径研究成果，确定了农户合作路径选择的基本原则和总体思路，提出了武陵山片区农户合作的可能性实现路径。

第9章

武陵山片区促进农户合作政策建议

9.1 加强合作宣传，提高农户合作意识

农民合作意识的培养问题应引起各级党政机关和有关部门的高度重视。政府有关部门应主动组织农民认真学习领会《合作社法》，贯彻落实《合作社法》和相关政策精神，要充分利用各种新闻媒体，加大宣传力度，大力普及农民合作的基本知识，让大多数农民真正了解《合作社法》的精神实质，努力营造关心支持农民合作发展的社会舆论氛围，引导广大农民积极参加农民合作经济组织。针对农业经营组织认识上的误区或偏见，要通过各种媒体进行大力宣传，向广大农民提供优质到位的服务，通过宣传教育，引导农民组织起来，壮大生产组织，抵御市场风险，促进合作发展。

9.2 提升农户整体素质，培育新型职业农民

农民培训问题引起了教育学界、经济学界和社会学界的极大关注。国外关于农民教育培训的理论发展已较成熟，体系也已基本形成。关于农民培训的必要性，威廉·配第（Petty，1962）认为人的素质不同，才使劳动能力有所不同。舒尔茨（Theodore W. Schultz，1964）《改造传统农业》中的中心论点是把人力资本作为农业经济增长的主要源泉。马歇尔（Maxieer）明确指出："所有的投资中，最有价值的是对人本身的投资"。亚当·斯密（Smith，1776）认为劳动技巧的熟练程度和判断能力的强弱制约人的劳动能力与水平，而劳动技巧的熟练水平要经过培训才能提高。加斯佩里尼（Gasperini，2000）指出，由于农业教育的课程日益脱离实际，教育培训被排除在市场和其他教育系统之外。

　　国外尤其是西方发达国家经过多年的发展，建立了适合自己国情的农民培训模式。美国根据1862年成立了全国56个州的立农学院，结合1962年的《人力开发和培训法》和1964年的《经济机会法》建立了一个相当完整而庞大的农民教育科教体系。法国形成了较为完善的教育培训体系。德国在教学过程中不仅注重综合职业能力的培训，而且还特别强调关键能力的训练。澳大利亚制定了一系列促进农业技术创新、推动农业的措施。日本全国有农业大学60多所，中等农业技术学校600多所，农村40%的适龄青年进入大学校园。

　　国内的研究主要集中在组织形式、教育对象、教学内容等方面。关于农民培训必要性研究，国内学者黄炎培、晏阳初、梁漱溟（1933）等认为中国是农业大国，要使中国走向民主与科学，实现强国之梦，必须重视乡村教育，实施农民再造工程。陶少刚（2002），刘伟（2003）指出：开发人力资源，提高农村劳动力素质，可提高农业劳动生产率，减少收入差距、促进收入增长。熊新山（2001），姜卫民（2002），李恺等（2004），刘纯阳（2005）等研究表明，农民培训是"科教兴农"战略的重要一环，是提高农业科技成果转化率的重要措施。张宝文（2005），徐新林（2006），刘绍斌（2006），邹积慧（2006），余永康（2006）认为农民培训是培养一批有"文化、懂技术、会经营"适应新农村建设的新型农民的需要。关于新型农民培训措施和对策研究，国内学者主要关注资金投入方面和培训方式内容方面。在培训资金投入方面，胡鞍钢（2002），岳培荣（2006），周批改（2007），姜道奎（2008）等认为应加大投资力度、建立多元投资体系；在培训方式和内容方面，梁帝允（1995）认为田间学校是培训农民的好方式；刘玉来（2003），柯炳生和姜长云（2005），柯炳生和陈华宁（2006），句芳（2007），徐建兵（2008）等认为，农民培训的方式和内容是各异的，不存在放之四海而皆准的培训模式。关于新型农民培训体系研究，陈肖安（2001），韦云凤（2006），高强和朱启臻（2007），蒋寿建（2007），彭移风（2007），黄天弘（2008），罗利芳（2008）等认为，提高农民培训成效，有必要构建由政策支持体系、组织管理体系、培训模式体系、教学计划体系等构成的新型农民培训体系。主张根据培训对象的特点把农民分为农村一般劳动力、农业大户、回乡创业人员、农村经纪人等，并采取分类培训的方法，形成"政府主导、社会参与、城乡互动、整体推进"的新格局。关于新型农民培训模式研究，柯炳生、姜长云（2005），王余丁等（2006）认为：按照发挥主导作用的培训主体，分为政府主导型和市场主导型培训模式、官办与民办培训模式、体制内培训模式与体制外培训模式。蒋寿建（2008）认为江苏新型农民的培育应形成"金字塔"形结构，提出了转化现实农民、培育潜在农民的"两条腿走路"的思路。石火培（2009）对如皋市农民参训意愿预期影响因素进行分析，找出与农民意愿相匹配的培训模式。

　　合作组织成员素质的高低对农民合作发展的起到关键因素，针对武陵山片区农村劳动力科学文化素质偏低的现状，全面提升劳动力的整体素质，培养有文化、懂技术、会经营的新型农民。新型农民可界定为：适应现代农业产业化发展要求，从事现代高效农业或为农业产业和农村服务的各类人员，是"有文化、懂技术、会经营、能创业，服务于新农村建设的农民"。中央 2013 年"一号文件"指出，大力培育新型农民和农村实用人才，着力加强农业职业教育和职业培训。充分利用各类培训资源，加大专业大户、家庭农场经营者培训力度，提高他们的生产技能和经营管理水平。

　　政府部门应担起培训农民的责任，实施新型农民科技培训工程，构筑农村成人教育体系，大力发展农村职业教育，采取多形式、多渠道地大规模培训农民，造就现代化的农业经营主体。我们可以借鉴荷兰对农民培训的做法：早在 1876 年，荷兰就成立了国家农业学校，把原有的中等农校和研究站改建成国家的农业科学中心，使农业研究始终处于世界先进水平，特别是在育种和温室技术方面取得了令世人瞩目的成就。荷兰的业务教育始于 1901 年，所有农民的孩子（包括雇工的，年龄从 5～16 岁）必须上学，并且完全免费。中级职业教育分 2～4 年不等，青年农民或从事与农业有关的其他工作必须完成这一阶段的学习。这一阶段的特点是"干中学"，学校听课只占 10%，主要是与农场主一样下地干活，差别只是可能得到辅导老师的帮助。一般来说，年轻农民刚工作，手里就握有两张资格证书。农民职业培训和农业技术推广，不但有效地提高了农业劳动生产率，而且为部分农民离开农业进入其他产业打好了扎实的基础。[①]

　　除此以外，政府还要对农村基层干部进行合作经济理论的宣传教育，让基层干部、农民领悟到特色农业发展中合作经济的本质含义，让他们了解先进的合作经济组织实践经验。通过培训，使他们掌握发展合作经济的基本理论知识和具体操作方法，明白合作的制度优势，将少数农民的自发行为转变为广大农民群众的自觉行动。使更多农民知道利用合作经济组织，来维护自己的利益，提高农民收入，加快特色农业的发展。

9.3　推动农村土地"三权分置"，放活土地经营权

　　《关于完善农村土地所有权承包权经营权分置办法的意见》提出，要逐步形成"三权分置"格局，完善"三权分置"办法，不断探索农村土地集体所有制

---

① 刘宇翔. 农民专业合作经济组织成员意愿与行为分析［M］. 郑州：郑州大学出版社，2011：168.

的有效实现形式，落实集体所有权，稳定农户承包权，放活土地经营权，充分发挥"三权"的各自功能和整体效用，逐步完善"三权"关系，形成层次分明、结构合理、平等保护的格局。

"三权分置"创新了农地产权制度，经营权在更大范围内进行优化配置，相对集中的土地使用，不仅使土地利用效率得到提升，更能明显提升务农劳动力的劳动生产率，实现效益最大化为目标的家庭农场、合作社、农业产业化经营组织和农业企业为代表的"新农民"将不断成长发育，随之将大幅度提高农业质量效益和竞争力，这是构建现代农业经营体系的基础和方向。

9.4 完善政策法规，营造农户合作环境

武陵山片区特色山地农业的发展中农民的合作仍处于低级阶段，政府应着力创造一个有利于合作社发展的法律和政策环境。国际经验也表明：凡是合作社立法比较完备的国家，合作社事业都取得了持续稳定的发展。当前在山地农业发展中，对于农民合作问题上，一些地方对农民合作的认识还是不到位，没有认识到农民合作到底是为谁？对农民合作的基本原则、内涵和外延等关键性问题还有待进一步廓清。这就要求政府从法律法规和政策上为农民合作提供宽松的合作环境。①

（1）政策支持。武陵山片区各省级政府和相关部门应在政策、资金、技术、信息等各个方面给予大力的扶持，尽快出台适合省情的、可操作的配套政策，为农民合作发展创造一个良好的社会环境。同时建立相应的监督机制，以确保这些政策和支持得到真正落实到位。借鉴他地经验，贵州山地农民合作中，政府应考虑专项补贴的作用，应对所有具备一定条件的合作经济组织给予税收、信贷等方面的优惠，让他们处于平等的发展起点上。专项补贴（所得税率）应主要用于普及合作社知识、财务、法律等方面的培训以及合作组织发起人的能力建设的提高方面，这样才能起到鼓励和支撑农民合作的效果。

（2）法律法规支持。合作社的生命力在于能否满足社员的需求，它不应是投资者所有的企业，而应是服务对象——农产品生产者所有、控制和通过利用合作社的服务而受益的企业。这一做法赋予合作社与其他企业组织一样平等的企业法人地位，从而使他们可以合法地参与市场竞争。

实际上，在国家《农民专业合作社法》之前，一些地方政府已采取变通的方

---

① 杨丽莎. 山地农业发展中农民合作制约因素及促进路径研究——以贵州省为例［D］. 亚南大学博士论文，2014：147.

式，发布地方性的法规，促进当地合作社的发展。如 1999 年 5 月 20 日，山东德州宁津县人民政府发布了《宁津县农村合作社组织登记注册管理试行办法》，规定工商行政管理部门对农村合作经济组织核准登记注册时，对符合企业法人条件的应按国家有关规定办理企业法人登记，合法企业法人营业执照。进入 21 世纪以来，中国农民专业合作社发育的制度、政策、舆论环境空间越来越宽松，在法律建设方面，江苏、北京、浙江等 10 个省市率先颁布了农民合作社示范章程，中华人民共和国供销社总社在本系统内部颁发了《农村专业合作社的示范章程》（试行），农业部也草拟了《农民专业合作经济组织示范章程》。2004 年 11 月，浙江省第十届人大常委会率先通过该了全国首家地方性法规《浙江省农民专业合作社组织条例》，该条例对农民专业合作社的设立条件、注册登记、社员股金、合作社决策原则和分配原则等重大问题做出了明确的规定。

9.5　创新农地制度，创造合作条件

首先，要明确农民集体土地所有权主体地位。土地产权主体，即土地归属，是土地产权制度的基础和核心。要有效保障失地农民的经济权益，必须从实际出发，依法、合理确定农村集体土地所有权主体，并通过土地登记、发证予以确权。同时从法律上明确集体土地所有者的权利和义务。建议修改现行法律中关于农地所有权主体的模糊规定，明确将土地所有权主体界定为村级集体经济组织，以法定权利赋予农村集体经济组织的权利，使之依法成为农村土地集体所有权主体。法律要规定农村集体经济组织作为所有权主体的内涵和外延，明确将土地所有权界定到村级集体经济组织，使集体经济组织和承包农户的责、权、利都非常清晰。要进一步健全、完善统分结合双层经营体制，赋予农村集体经济组织应有的法定职权和民事权利，使之依法成为农村土地所有权主体，享有法律规定范围内的土地占有权、使用权、收益权、处置权和转让权，以集体经济组织来保护承包农户的土地占有权利，确保农村主地资源高效运作，防止土地征用过程中农民土地财产权利的流失，依法保障失地农民的合法权益。[①]

其次，确立农地使用权。我国现行法律规定，集体土地不能直接进入市场。通过法律行为进行流通，只能通过政府行为转变为国家土地所有权后方可流通。农地使用权的确立，使得土地的出让不再由集体通过"征收"这一准行政方式进行，而是通过基于市场原则的合同方式进行。农地使用权一经设立，就具有占

---

① 徐秋会．农民失地与农地产权制度安排［J］．东南学术，2007（3）．

有、使用、收益的权能及部分处分权能，不受所有权的不正当干预。农地使用权人不仅可以对抗合同的对方当事人，还可以对抗第三人。因此，土地使用权的转让、变更以及消灭，应通过土地登记进行必要的公示，从而有效保护土地权利人以及第三人的合法权益。①

最后，构建城乡一体化土地市场，促进土地资源的高效配置。权利界定是土地产权交易的基本前提，也是权利人获得利益的基本前提。国家土地所有权与集体土地所有权均属于土地所有权，受宪法和法律的平等保护。应该通过修改相关法律，让农民和国有土地拥有者以及城市其他土地拥有者享受同等的权利。改变目前国家土地所有权与集体土地所有权分别适用不同规则的现状，允许其在平等条件下进入土地市场，做到"同地、同权、同价"。明确规定农村集体土地是不可侵犯的财产，强化农民集体对土地的所有权。② 构建城乡一体化土地市场就要规范农村土地非农化的交易过程。包括明确交易主体准入制度；按照政企分开的原则，地方政府应当逐步退出土地征购市场，转而成为市场交易的仲裁者以及交易弱势方的保护者；允许农村集体土地直接进入市场，经营性土地非农化可以由集体土地产权代表与开发商进行谈判、协商，经中介机构评估，确定土地价格；公益性土地非农化应当参照市场价格进行合理补偿等。③

本 章 小 结

武陵山片区特色农业发展中实现农民合作应充分利用本区域比较优势，突破制约因素，找准实现路径。在此基础上，还应用配套的措施。

本章在上述分析的基础上，提出促进武陵山片区特色农业发展中农户合作的得以实现的政策建议，这些政策建议包括：加强宣传，提高农户的合作意愿；开展农技培训，增强农户的合作能力；提升农户整体素质，培育新型职业农民；搭建服务平台，建立协调综合机构；完善政策法规，营造合作环境；创新农地制度，创造合作条件。

---

① 齐恩平，何澄. 农地使用权的确立是保障农民权益的长效机制 [J]. 农业经济，2007 (6).
② 余海华，朱奕. 和谐社会中失地农民法律权益保护之探讨 [J]. 中国集体经济，2007 (4).
③ 李建建. 我国征地过程中集体产权残缺与制度改革 [J]. 福建师范大学学报（哲学社会科学版），2007 (1).

参 考 文 献

[1] 保罗·西利亚斯. 复杂性与后现代主义 [M]. 曾国屏译. 上海：上海世纪出版集团，2006：65 - 70.

[2] 陈印军，杨瑞珍等. 西部地区特色农业优势、问题与对策 [J]. 中国农业资源与区划，2003，24 (1)：21 - 24.

[3] 程新友，王芳. 农民合作的变迁及其现实困境——基于湘南 A 村的调查 [J]. 湖南农业大学学报 (社会科学版)，2010 (4).

[4] 杜吟棠. 合作社：农业中的现代企业制度 [M]. 南昌：江西人民出版社，2002.

[5] 冯道杰. 农民专业合作经济组织的发展动力研究——基于成本一收益视角的分析 [J]. 山东经济，2007 (3)：125 - 130.

[6] 傅晨. 中国农村合作经济：组织形式与制度变迁 [M]. 北京：中国经济出版社，2006.

[7] 胡敏华. 农民理性及其合作行为问题的研究述评——兼论农民"善分不善合" [J]. 财贸研究，2007 (6)：46 - 52.

[8] 黄祖辉. 农民合作：必然性、变革态势与启示 [J]. 中国农村经济，2000 (8)：4 - 8.

[9] 姜明伦，于敏，郭红东. 农民合作的经济学分析 [J]. 经济问题探索，2005 (3)：21 - 25.

[10] 孔祥智，关伏新. 特色农业：西部农业的优势选择和发展对策 [J]. 农业技术经济，2003 (3)：34 - 39.

[11] 梁漱溟. 梁漱溟全集 (第二卷) [M]. 济南：山东人民出版社，2005.

[12] 刘志民等. 特色农业发展的经济学理论研究明 [J]. 中国农业大学学报，2002 (1)：17 - 18.

[13] 吕火明. 论特色农业 [J]. 社会科学研究，2002 (3)：27 - 30.

[14] 罗伯特·阿克赛尔罗德. 对策中的制胜之道：合作的进化 [M]. 上海：上海人民出版社，1996.

[15] 罗兴佐. 农民合作的类型与基础 [J]. 华中师范大学学报 (人文社会

科学版），2004（1）.

[16] 苗小玲. 农民合作经济组织产生的成本——收益分析 [J]. 经济经纬，2005（6）：119－122.

[17] 牛若峰. 也论合作制（上）[J]. 调研世界，2000（8）：12－17.

[18] 齐宇. 以色列的节水农业 [J]. 西亚非洲，2002（6）：4.

[19] 邱梦华. 中国农民合作的研究述评——兼论农民合作的定义与分类 [J]. 调研世界，2008（8）：21－25.

[20] 邱梦华. 中国农民合作的研究综述 [J]. 云南民族大学学报（哲学社会科学版），2008，25（5）：75.

[21] 唐远雄，陈文江. 布迪厄实践理论视野下的中国农民合作 [J]. 西北农林科技大学学报（社会科学版），2011（6）.

[22] 王铭铭. 村落视野中的文化与权力——闽台三村五论 [M]. 上海：三联书店，1997.

[23] 肖赞军，柳思维. 中国农村非正规劳动合作的演进——基于一个贫困县的实证研究 [J]. 经济学家，2007（1）：59－66.

[24] 熊万胜. 关于农民合作发生机制的文献综述 [J]. 华东理工大学学报（社会科学版），2008（4）.

后　　记

　　呈现在读者面前的这本专著是近年来我们依托重庆市重点人文社会科学研究基地——武陵山区特色资源开发与利用研究中心科研平台，在对武陵山片区进行多次实地调研，并参与武陵山片区区域经济社会发展多次高峰论坛的基础上，经过几年的努力而形成的，是对武陵山片区特色农民发展以及农民合作问题进行初步探索形成的粗浅成果。

　　研究过程中，得到了各方面的大力支持，特别是在实地调研中许多政府部门和个人提供了大量的资料，他们都为本成果的顺利完成做出了贡献；武陵山区特色资源开发与利用研究中心主任熊正贤博士、教授给予大力支持，在此表示衷心的感谢！感谢我的妻子侯爱霞女士多年来默默无闻的支持和无私的奉献，在我学术的道路上洒满了大量的汗水，付出了大量的心血，在此一并表示最衷心的感谢，并致以崇高的敬意！

　　最后，特别要感谢本书的责任编辑王娟女士，对本书的出版付出了辛勤的劳动。此外，在本书的撰写中，引用了大量文献资料，参阅了诸多作者的研究成果，因为本书中尽量反映前人和最新研究成果，这些资料和成果给我们提供了无限的启迪和有益的借鉴，在此对这些作者表示最真挚的感谢！

李　彬

2017 年 2 月 16 日于长江师范学院